AF138772

Wer kennt schon Araca?

Bibliografische Information der Deutschen Nationalbibliothek:
Die Deutsche Nationalbibliothek verzeichnet diese Publikation
in der Deutschen Nationalbibliografie; detaillierte bibliografische Daten sind im Internet über www.dnb.de abrufbar.

Autorin: Christa Mehrgardt, Flensburg, DE
Herausgeberin: bilwiz / Eva-Maria Mehrgardt
Ringsberg, DE. www.bilwiz.info, 1. Auflage: Februar 2015
Herstellung und Verlag:
BoD – Books on Demand, Norderstedt, DE
ISBN: 978-3-7347-6403-5

Fotos: © Christa Mehrgardt, Eva-Maria Mehrgardt
Umschlagentwurf & Fotobearbeitung: © Eva-Maria Mehrgardt,
Ringsberg, DE. Karte: © Sabine Mehrgardt, Kiel, DE

DAS BUCH

Araca ist der Name einer Zinnmine, die in 5.000 Meter Höhe zwischen dem bolivianischen Altiplano im Westen und dem Amazonas-Tiefland im Osten liegt. Sie erlebte ihre Blütezeit in den 1920er Jahren unter der Leitung des Deutschen Eduard Overlack und war eine der ertragreichsten Zinnminen des Landes.

Heute zeugen nur noch einige verfallene Minen und Stollen von der einstmals regen Bergbautätigkeit dort.

Aus vielen Puzzlestückchen setzt sich etwas zusammen, das langsam zu einer Geschichte wird, der Geschichte von zwei jungen Auswanderen am Anfang des 20. Jahrhunderts.

Heutzutage ist eine Geschichte dieser Art undenkbar. In der Zeit vor dem Ersten Weltkrieg als Frau allein auszuwandern, wie Elisabeth Overlack es getan hat, war sehr mutig. Damals dauerte die Reise mit dem Schiff fünf Wochen und jeder Brief dauerte genauso lang. Diese Geschichte musste einfach geschrieben werden.

DIE AUTORIN

Christa Mehrgardt hat vor Jahren damit angefangen, die Briefe und Fotos ihrer Eltern aus Südamerika zu sammeln. Sie sammelte die Tagebücher ihres Vaters, seine Taschenkalender voller Notizen, und überhaupt alle Dokumente und Fotos über ihr Leben. Die Geschichte ihrer Eltern ist außergewöhnlich und zudem ein zeitgeschichtliches Dokument, das sie nicht verlorengehen lassen wollte.

Christa Mehrgardt

Wer kennt schon Araca?

Familienleben in den bolivianischen Anden
1914–1926

Schiff in der Magellanstraße

Inhaltsverzeichnis

Elisabeth (2. von rechts), hinter ihr Eduard

Vorwort

Auf einer Schiffsreise im Januar 1914 nach Südamerika lernen sich meine Eltern Eduard Overlack, 23 Jahre alt, und Elisabeth Lauenstein, 24 Jahre alt, kennen. Er folgte der Einladung eines Studienfreundes auf dessen Hazienda in der Nähe von La Paz, Bolivien. Sie hatte einen Vierjahresvertrag als Lehrerin an der deutschen Schule in Osorno, Chile.
Sie verlieren sich aus den Augen und können infolge der Wirren des Ersten Weltkriegs nicht nach Deutschland zurückkehren. Als sich die beiden 1919 zufällig in Antofagasta, Chile, wiedersehen, ist er Direktor einer Zinnmine in Araca, während sie hier ihre Zeit bis zu ihrer Rückkehr in die Heimat überbrückt. Sie heiraten und leben schließlich mit drei Kindern in 4.300 Meter Höhe in Araca.
Als dem damaligen "Zinnkönig von Bolivien", Patiño, 1926 die feindliche Übernahme dieser florierenden Mine gelingt, kehrt die Familie nach Deutschland zurück, wo ich, Christa Mehrgardt, als viertes Kind geboren wurde.
In der Zeit vor dem Ersten Weltkrieg war es schon sehr mutig, allen Widerständen zum Trotz, als junge Frau allein auszuwandern, wie es meine Mutter getan hat. Meinen Vater dagegen trieb eher die Abenteuerlust.
Ich habe vor Jahren damit angefangen, die zahllosen Briefe, Tagebücher, Dokumente und Fotos meiner Eltern aus Südamerika zu sammeln und zu ordnen. Aus vielen Puzzlestücken setzte sich dann etwas zusammen, das zu einer Geschichte wurde: die Geschichte meiner Eltern. Sie ist ein außergewöhnliches und auch zeitgeschichtliches Dokument, das nicht verlorengehen sollte.

Die Anfänge liegen in Deutschland

Eduard

Mein Vater Eduard Overlack wurde am 23. Januar 1891 in Krefeld am Niederrhein geboren. Sein Vater Eduard, mein Großvater, hatte als Jüngster von 13 Geschwistern die väterliche Ziegelei übernommen. In den 90er Jahren des 19. Jahrhunderts gingen, wie überall, auch seine Geschäfte schlecht, und das gerade in der Zeit, als er geheiratet und eine Familie gegründet hatte. Seine Frau Sophie Girmes, meine Großmutter, hatte er sich von einem großen, am Stadtrand gelegenen Bauernhof geholt, an den heute nur noch eine Straße, die "Girmesgath", erinnert. Nun, seine Auserwählte musste wohl als fünftes von sechs Geschwistern etwas schwächlich geraten sein, denn in seiner Familie hieß es: "Was willst du bloß mit diesem schwindsüchtigen Mädchen?" Ein glattes Fehlurteil — sie wurde 85 Jahre alt! Sie bekam sechs Kinder, immer hübsch abwechselnd Söhne und Töchter, und wurde eine energische und resolute Mutter und Hausfrau, die es verstand, die Familie und das zunächst spärliche Einkommen zusammenzuhalten.

Währenddessen brachte der Vater mit Geschick und großem Einsatz die Geschäfte wieder in Gang. Es gelang ihm, alle der ca. 20 "Ringofenbesitzer" zusammenzubringen und das erste "rheinische Ziegel-Syndikat" zu gründen, dem er als Geschäftsführer jahrzehntelang vorstand und in dem von da an sehr erfolgreich gearbeitet wurde.

Mein Großvater war allseits anerkannt und geachtet, nicht nur wegen seiner Kompetenz und Gerechtigkeit, sondern auch wegen seiner ausgleichenden und liebenswürdigen Art im Umgang mit jedermann — und wegen seiner Großzügigkeit. Als er einmal nach langer Krankheit im Frühjahr zum ersten Mal wieder über die Bahngleise zu seiner Arbeit ging, rief ihm der Schrankenwärter zu: "Prost Neujahr, Herr Overlack!" Klar! Er hatte ja noch nicht wie üblich sein Neujahrsgeld — "Neu-

13

jährken" genannt – bekommen. Und ebenso klar war, dass das Versäumte unverzüglich nachgeholt wurde. In der Familie mit der wachsenden Kinderschar ging es fröhlich und lebhaft zu, denn alle miteinander waren mit einer guten Portion rheinischen Temperaments und Humors ausgestattet. Dazu kam der rege Verkehr mit der zahlreichen und weitläufigen Verwandtschaft aus Stadt und Land.

Krefeld, der Heimatort, war eine schöne und gepflegte Stadt, wohlhabend und bekannt durch ihre zahlreichen Samt- und Seidenwebereien sowie ihre Färbereien. Ihre Besonderheit wurde hervorgehoben durch den Ausspruch: "Es gibt Gute und es gibt Böse und es gibt Krefelder."

Mit der zunehmenden Industrialisierung suchte die Stadtjugend immer stärker nach einer Gegenwelt, und die erschloss sich ihr immer mehr in der Natur. Überall schlossen sich Gruppen zum gemeinsamen Erforschen ihrer weiteren Umwelt zusammen. So entstand eine sich immer weiter ausbreitende Bewegung, die sich endlich zusammenfand und 1901 den "Wandervogel" gründete.

Mein Vater schloss sich etwa im Alter von zehn Jahren dieser Gemeinschaft an. Mit dem Rucksack auf dem Rücken, der Gitarre über der Schulter ging es hinaus in die Natur, um die Heimat kennenzulernen. Und am abendlichen Lagerfeuer wurde dann eifrig gesungen – alte Volks- und Wanderlieder.

Die Naturverbundenheit meines Vaters hatte hier ihre Wurzeln. Und – so seltsam es klingen mag – in der Jagd. Mein Großvater als leidenschaftlicher Jäger nahm schon früh seine Söhne mit auf die Jagd, mit dem Erfolg, dass auch die drei passionierte Jäger wurden. Dabei war natürlich das Aufspüren und Schießen von Wild das vorrangige Ziel. Aber ebenso wichtig war für meinen Vater das Eintauchen in die Natur und die Hege seines Reviers.

Später lernten wir Kinder bei unseren Eltern einen achtungsvollen Umgang mit der Natur und die Liebe zu ihr. Nie wurde bei unseren vielen Wanderungen im Wald laut gesungen oder gar geschrien: Wir wollten Wild und Vögel sehen und beobachten und nicht etwa verscheuchen. Zu meinen schönsten Erinnerungen gehört das stundenlange, schweigende Sitzen in der Abenddämmerung auf dem Hochsitz neben meinem Vater. Dass ich währenddessen inbrünstig betete, er möge in meiner Gegenwart, oh bitte, nichts schießen, ahnte er natürlich nicht. Aber es hat geholfen. –

Um Maschinenbau zu studieren, ging mein Vater nach Hannover. Das war für ihn ein großer Schritt hinaus aus dem bürgerlichen Alltag in der Familie in die Unabhängigkeit und Freiheit des Studentenlebens. Er suchte auch hier die Gemeinschaft und fand schnell Anschluss. Er wurde Mitglied im "Corps Ost-Westfalia", einer schlagenden Verbindung.

Hatten bisher bei den Wandervögeln das Wandern und Zelten in der Natur die Gemeinsamkeit geprägt, so galten jetzt andere Werte: Fechten und Zechen! Nun ist das Fechten ein schöner und auch disziplinierender Sport, wenn, ja wenn damals nicht das Austragen der Mensuren dazugehört hätte. Diese wurden nämlich ohne Gesichtsschutz gefochten, sodass es oft erhebliche Verletzungen gab, die "Schmisse", die das Gesicht meines Vaters sein Leben lang zierten. Jedes Mal, wenn er wieder mit einem neuen "Schmiss" nach Hause kam, schlug seine Mutter die Hände über dem Kopf zusammen und jammerte: "Das schöne Gesicht!"

Auch seinem Vater gefiel dieses lockere Leben nicht sonderlich. Und es gefiel ihm überhaupt nicht, dass sich die Corpsstudenten ziemlich elitär gebärdeten. Er erlebte es hautnah, als er einmal seinen Sohn in Hannover besuchte. Anstatt seinem Vater bei dessen Ankunft den Koffer abzunehmen, rief er dazu einen Gepäckträger herbei, was seinen sparsamen Vater ziemlich fassungslos machte. Aber ein Corpsstudent befolgte eben bestimmte Etikette.

Diesen Anflug von Arroganz hat ihm das Leben – wie sich noch zeigen wird – sehr bald ausgetrieben. Nie wieder war er sich später für irgendeine Arbeit zu fein. Eine Marotte der

Corpsstudenten hat er aber beibehalten: Er nahm nie einen Regenschirm. Ja, er hat bis zu seinem Lebensende noch nicht mal einen besessen.

Jede Studentenverbindung hatte ihre eigenen "Farben", an denen sie voneinander zu unterscheiden waren, und die trugen sie an einem breiten Band über der Brust, am Degenkorb und an der oft etwas eigentümlichen Mütze. Die Ost-Westfalen trugen die Farben blau-weiß-orange. Und sie waren ziemlich stolz darauf.

Der Hauptgrund für den Eintritt in eine "Burschenschaft" aber war wahrscheinlich etwas ganz anderes: Ein Student, der in eine bisher fremde Welt kam, fand hier Aufnahme, Gemeinschaft, Hilfe und Freundschaft, die sehr oft lebenslang hielt. Obgleich mein Vater schon vor dem Diplom Hannover verließ, gehörte er von da an zu den "Alten Herren", und wann immer es sich einrichten ließ, besuchte er in Hannover die jährlichen, regelmäßig stattfindenden Treffen, die nach dem Krieg wieder aufgenommen wurden.

– Zu dieser Zeit durfte auch ich an solchen Treffen teilnehmen, die ich in schönster Erinnerung behalten habe. Mein Vater aber war nun strikt gegen jede Neugründung einer "schlagenden Verbindung", die er als nicht mehr in diese Zeit passend ablehnte. –

Einer der "Corpsbrüder" stammte aus La Paz, Bolivien, der dort eine Hazienda besaß. Er bot meinem Vater an, als sein Teilhaber zu ihm zu kommen. Das Vorexamen war bestanden, nun zeigte sich eine Alternative zum Diplom: Auswandern! Ich weiß nicht, ob mein Vater sehr lange überlegt hat oder ob seine Abenteuerlust schnell die Oberhand gewann; er nahm das Angebot an. So genau muss er sich aber nicht informiert haben, worauf er sich da einließ. Doch das erzähle ich an anderer Stelle.

Wie sich denken lässt, war mein Großvater alles andere als begeistert von dem Plan seines Sohnes, sein Studium an den Nagel zu hängen. Schließlich blieb ihm aber keine andere Wahl als einzuwilligen. Eine Bedingung aber stellte er: Sein Sohn sollte ohne seinen leichtsinnigen Freund Eugen Herbst reisen, dessen negativen Einfluss er fürchtete.

Am 24. Januar 1914, einen Tag nach seinem 23. Geburtstag, ging mein Vater an Bord des Postdampfers "Rhakotis" der "Deutschen Dampfschiffahrtsgesellschaft Kosmos" (DDG Kosmos). Mit an Bord ging trotz des väterlichen Widerstands sein leichtlebiger Freund Eugen.

Und hier kommt nun meine Mutter ins Spiel.

Elisabeth

Meine Mutter Elisabeth Lauenstein wurde am 25. Januar 1890 in Colnrade geboren, einem Dorf in der Nähe von Oldenburg, idyllisch an dem kleinen Fluss Hunte gelegen.

Ihr Vater Johannes – mein Großvater – war als Ältester von sechs Geschwistern in Hildesheim aufgewachsen, wo sein Vater ca. 20 Jahre lang Pastor an der dortigen St. Jakobi-Kirche war. Johannes folgte der Familientradition und studierte wie sein Vater und Großvater Theologie.

Ihre Mutter Luise Herminghausen – meine Großmutter – war nach dem frühen Tod ihres Vaters, der Pastor in Brake gewesen war, mit ihrer Mutter und dem Bruder in das nahe Göttingen gezogen. Hier lernte sie den Theologiestudenten Johannes Lauenstein kennen. Nach seiner Ordination zum Pastor heirateten die beiden 1887 in Göttingen. Zusammen übersiedelten sie nach Colnrade und bezogen das dortige Pfarrhaus. Hier trat der junge Pastor seine erste Pfarrstelle an, die leider auch seine letzte sein sollte! Die beiden "Pastorenkinder" waren also von ihrer Herkunft her offensichtlich bestens geeignet für das Leben und die Arbeit in einer Kirchengemeinde. Hier richteten sie sich ein, hier wurden die beiden Töchter Martha und Elisabeth geboren, hier gehörten sie zu den Honoratioren des Dorfes. Neben den vielfältigen Aufgaben eines Pastors, die sonntäglichen Gottesdienste usw., spielte die Arbeit in der

Gemeinde eine wichtige Rolle. Mit viel Engagement und Freude setzte er sich für alles ein, was für das Dorf wichtig war, z.B. die Gründung der Feuerwehr und die Anschaffung einer Pferdespritze, die selbstverständlich, in Ermangelung eines dörflichen Gerätehauses, in der Pfarrscheune untergebracht wurde.

Ebenso selbstverständlich war das gelegentlich vom Pastor spendierte Fass Bier für die Feuerwehrkameraden. So lief scheinbar alles in geordneten Bahnen. Aber leider nur scheinbar. 1898, nach zehn Jahren einer geachteten Amtsführung, brach eine Katastrophe über alle herein: Der bis dahin angesehene Pastor der Gemeinde wurde – aus heute nicht mehr ersichtlichen Gründen – angeklagt und musste sich vor Gericht verantworten. Im Laufe des Verfahrens leistete er einen Meineid, und dieser – nicht der Anklagepunkt selbst – war schließlich der Grund zu seiner Verurteilung. Wie sich denken lässt, hatte das furchtbare Folgen für ihn und seine Familie. Unter demütigenden Umständen mussten sie das Dorf verlassen. Und sie mussten sich trennen.

Meine Großmutter zog mit ihren beiden Töchtern in ihre Heimatstadt Göttingen, aus dem großen Pastorat im Dorfmittelpunkt in die jetzt wohltuende Anonymität einer Stadtwohnung. Mein Großvater wanderte nach Verbüßung seiner Gefängnisstrafe nach Amerika aus. Am 7. Mai 1903 traf er dort ein und stellte am 13. Mai in New York seinen Antrag auf Einbürgerung. In White Plains begann er eine Arbeit mit schwer erziehbaren Jungen. Damit war er so erfolgreich, dass es ihm gelang, sich eine neue Existenz aufzubauen. So hatte er die Hoffnung, eines Tages seine Familie nachholen zu können.

Diese richtete sich, so gut es ging, in Göttingen ein. Ganz sicher wusste meine damals achtjährige Mutter nicht so richtig, was da so plötzlich in ihr Leben eingegriffen und es von Grund auf verändert hatte. Tatsache aber ist, dass Göttingen im Lauf der Jahre zu ihrer sehr geliebten Heimat geworden und es auch immer geblieben ist.

Meine Großmutter aber musste sehen, wie sie unter diesen ganz anderen Bedingungen allein zurecht kam. Um ihre kargen Finanzen aufzubessern, nahm sie ältere Damen bei sich auf, meist "adelige Fräuleins", die wohl nicht immer so ganz pflegeleicht waren. Meine Großmutter karikierte diesen leichten Dünkel, etwas "Besseres" zu sein, mit dem ihr eigenen Humor und dem bei uns viel zitierten Satz: "Dreck ist Dreck und 'von Dreck' ist auch Dreck." Noch einen ihrer drastischen Sprüche, mit denen sie ihre Lebenssituation für sich zurechtrückte, will ich hier auch anführen: "Wenn wir reich sind, essen wir Schnepfendreck [eine damals bekannte und teure Delikatesse; C.M.], und wenn wir arm sind, lassen wir die Schnepfen weg."

Inzwischen hatte mein Großvater in den USA Fuß gefasst, und durch seine so erfolgreiche Arbeit mit den Jugendlichen konnte er nun daran denken, seine Familie nachkommen zu lassen. Nach drei Jahren (1906) war es endlich soweit: Alles war bei ihm geregelt und für die Ankunft der Seinen vorbereitet, in Göttingen waren die Koffer gepackt und alle zur Abreise bereit, da traf ein alles veränderndes Kabel ein: Mein Großvater war innerhalb weniger Tage in White Plains/New York an den Folgen einer Angina pectoris gestorben!

Wieder saß die Familie auf einem Trümmerhaufen, wieder waren alle Pläne und Hoffnungen zerstört, wieder musste – so anders als gedacht – neu angefangen werden.

Zwar fiel die Unterstützung aus den USA jetzt fort, dafür bekam meine Großmutter nun eine Rente von der Landeskirche. Diese war für eine zehnjährige Beamtentätigkeit nicht eben hoch, aber sie hatte ja gelernt, mit wenig auszukommen.

Die beiden Schwestern wurden Lehrerinnen, einer der wenigen für junge Mädchen möglichen Berufe. Wie sich zeigte, der genau richtige für Elisabeth. Sie war tatsächlich die "geborene Lehrerin". Es fiel ihr leicht, mit Kindern umzugehen, ihnen das notwendige Wissen beizubringen und ihre Fähigkeiten zu wecken. Groß und schlank, blond und blauäugig, strahlte sie eine natürliche Autorität aus und war ansteckend in ihrer Fröhlichkeit und ihrer Begeisterungsfähigkeit. Es konnte passieren, dass die junge Lehrerin in der Pause auf dem Schulhof stand und lauthals den Frühling ansang. Kein Wunder, dass ihre Schülerinnen mit großer Liebe an ihr hingen.

Abgesehen von ihrem ersten Berufsjahr als Hauslehrerin in Arnheim – sie war damals gerade 20 Jahre alt – lebte und arbeitete sie in Göttingen. Göttingen: eine alte Universitätsstadt, lebendig und voller Anregungen. Bunt und vielfältig wie die Mützen der Studenten war auch das Leben in der Stadt, voller Abwechslung, Geselligkeit und Freundschaft. Für Elisabeth ein reiches und glückliches Leben. Trotzdem, etwas fehlte: mehr Unabhängigkeit und Freiheit. Ein Fahrrad sollte ihr dazu verhelfen. Von ihrem ersten selbstverdienten Geld kaufte sie sich also ein Fahrrad. Das war zu der Zeit fast so ein Ereignis wie heute das erste Auto. Und da es sich mit den damals üblichen langen Röcken schlecht Fahrrad fahren ließ, erstand sie gleich auch noch Hosen dazu, eine Art Pumphose, ordentlich unter den Knien gebunden! Trotzdem, für ihre Umgebung ziemlich "shocking" und so gar nicht "ladylike". Jetzt konnte sie mit ihren Freundinnen und Freunden Ausflüge in die schöne weitere Umgebung der Stadt machen, die sie von Herzen genoss.

Die tiefsitzende Sehnsucht nach Freiheit war aber auch damit noch nicht gestillt, die hatte andere, tiefer sitzende Gründe. Immer stärker wurde ihr bewusst, dass sie andere Vorstellungen von ihrer Zukunft hatte als ein Leben als Lehrerin in Göttingen oder als Frau einer ihrer Freunde. So sehr sie auch ihre Heimat liebte, so sehr wurde ihr immer deutlicher, dass sie ganz fort wollte. So wuchs allmählich der Plan in ihr, auszuwandern, am liebsten nach Afrika, in diesen riesigen geheimnisvollen Kontinent.

Ich bewundere ihren Mut, ihre Entschlossenheit und Zielstrebigkeit, mit der sie ihren Plan verfolgte und gegen alle Hindernisse ankämpfte. Da gab es keinen, der sie unterstützte, keinen, der ihr half. Im Gegenteil! Ein junges Mädchen ganz allein, wer sollte das wohl verstehen? Zu den nötigen Formalitäten gehörte auch das Gesundheitszeugnis ihres Hausarztes. Der bescheinigte nicht nur ihre körperliche und geistige Gesundheit, sondern gleich auch noch, was er von ihrem Plan hielt: nämlich nichts! Er versah dieses amtliche Papier mit dem Nachsatz: "Fräulein Lauenstein ist viel zu schade für Afrika."

Den Traum von Afrika musste sie dann auch aufgeben, da es dort nirgends eine Stelle für sie gab. Eigentlich erstaunlich, denn bis zum Ersten Weltkrieg waren das heutige Namibia, Tansania und Kamerun deutsche Kolonien, in denen es überall deutsche Schulen gab. Warum auch immer, Elisabeth war es offensichtlich nicht bestimmt, in Afrika zu leben. So suchte sie weiter und fand eine Stelle in Osorno, Chile, für die sie einen Vierjahresvertrag bekam. Für Afrika hätten ihre englischen und französischen Sprachkenntnisse gereicht. Aber in Chile wurde spanisch gesprochen, und darum hieß es nun: Spanisch lernen. Mit ihrer Sprachbegabung kein Problem, zumal die lange Schiffsreise viel Zeit dazu bot.

Am 24. Januar 1914 war es soweit. Ihre Mutter und eine Tante brachten sie an Bord des Postdampfers "Rhakotis" der "Kosmos Dampfschiffahrtsgesellschaft". Am Kai taucht sie ein in den Trubel, der zum Auslaufen eines Schiffes gehörte. Alles strömte auf das Schiff, die Passagiere mit ihren Begleitern und das Personal, das Gepäck wurde aufgeladen – Lärmen, Rufen, Suchen, Fragen. Mittendrin Elisabeth. "Ich fühle mich in meinem Element. Diese Menschenmassen!" schreibt sie in ihrem ersten Brief. Und mittendrin ein junges Freundespaar, auch sie voller Abenteuerlust und Erlebnishunger: Eugen Herbst und Eduard Overlack.

Und hier beginnt nun die Geschichte meiner Eltern.

Erster Tag auf dem Schiff

1914 – Schiffsreise um Südamerika

Sich finden und wieder verlieren

Auf dem Schiff bezieht Elisabeth ihre Kabine, in der sie ihre "Kollegin und Schiffsgenossin für die nächsten fünf Wochen" antrifft: "Fräulein Hermann ist jung und hübsch. Mit der werd' ich mich vertragen können. Sie geht nach Valdivia, der Hafenstadt von Osorno."

Um 23 Uhr müssen alle Gäste von Bord, und Elisabeth nimmt endgültig Abschied von ihrer Mutter, für vier Jahre, wie sie glaubt. Dann bezieht sie zum ersten Mal ihre Koje. Aber wenig später klopft es an ihre Tür. Einem war es trotz der offiziellen Sperrung für Besucher gelungen, noch aufs Schiff zu kommen. Davon berichtet Elisabeths erster Brief von Bord: "geschrieben am 25.1.1914 – 1¼ Uhr morgens – Ernst [ein Freund von ihr; C.M.] hat mich wieder aus dem Bett geholt um 24 Uhr, und nun sitzen wir gemütlich beieinander und feiern meinen 24. Geburtstag. Es ist herrlich. Tausend Grüße, Deine Elisabeth."

Am nächsten Morgen steht Elisabeth unter all den anderen winkenden und rufenden Passagieren an der Reling des auslaufenden Schiffes. Aus vollem Herzen singt sie mit, was die Bordkapelle spielt: "Muß i denn, muß i denn zum Städtele hinaus, und du mein Schatz bleibst hier ...", das übliche Abschiedslied beim Verlassen des Heimathafens. So beginnt ihr neues Lebensjahr, aufregend und voller Zukunftshoffnung.

Als Erstes erkunden Elisabeth und Fräulein Hermann das Schiff und lernen die anderen Mitreisenden kennen: etwa den Bankbeamten, den Elisabeth um Rat fragen kann, wenn sie Probleme mit der neuen Sprache hat: "Verstehen kann man von dem Spanischen nicht die Bohne, selbst wenn jemand ein Wort sagt, das ich schon kenne." Dann sind da einige Lehrer auf dem Weg nach Valdivia: "Mit denen kommen wir wenig zusammen, es sind z.T. die reinsten Philister. Fräulein Hermann hat das Vergnügen, sie als Kollegen an der Schule zu haben. Ich bin froh, daß ich die Einzige bin, die nach Osorno geht." Aber solche Leute sind die Ausnahme, denn es gibt andere, wirklich interessante Passagiere. "Wir haben einen Rassenforscher an Bord. Der sitzt am liebsten vor einer kleinen Gemeinde und hält populärwissenschaftliche Vorträge. Der Mensch kennt die ganze Welt. Dies ist seine 108. Seereise. Jetzt verdient er sein Geld in den Minen von Bolivien. Er bekommt vom Staat einen Zuschuß, weil er nach Überresten alter Kulturen forscht. Neulich behauptete er, die Inkas wären der letzte schwache Überrest – früher hätten die Kulturen hier höher gestanden als in Ägypten."

Erst in einem späteren Brief erwähnt Elisabeth die Bekanntschaft mit Eduard Overlack und Eugen Herbst: "Herren sind genug, aber berühmt sind sie alle nicht. Uns gegenüber beim Dinner sitzen ein Ingenieur und ein Chemiker. Der Zweite geht aufs Geratewohl hinüber, ohne zu wissen, wo er ankommen wird."

Etwas erstaunlich ist es schon, dass Elisabeth besagten Ingenieur – Eduard Overlack – erst verhältnismäßig spät und auch nur so nebenbei erwähnt. Zu der Zeit sind sie längst bestens bekannt; denn einen besseren Tischnachbarn als ihn kann sie sich kaum wünschen. Nicht nur, dass er ein stattlicher, gut aussehender junger Mann ist – wenn man einmal von den "Schmissen" absieht, die sein Gesicht verunzieren –, er ist auch mit seiner guten Laune und seinem ganz besonderen Witz der beste Unterhalter und Gesellschafter.

Mit Fräulein Hermann hat Elisabeth die richtige Partnerin für ihre Unternehmungen gefunden, um ihre überschüssige Energie loszuwerden: "Die meiste Zeit klettern oder toben wir. Vom Gepäckraum sind wir durch die Lichtluke auf Deck geklettert. Dazu mußte ich Fräulein Hermann eine meiner Turnhosen leihen. Danach brauche ich immer besonders viel Zeit zum Händewaschen, denn bei der Turnübung wird man ganz schwarz." Kein Wunder! Sie reisen ja auf einem Dampfer, der alles mit seinem Ruß überzieht.

Wenn die beiden sich ausgetobt haben, sitzen sie in ihrer Kabine und singen, begleitet von Elisabeths Gitarre. "Damit können wir uns stundenlang vergnügen."
Je länger sie unterwegs sind, um so abwechslungsreicher werden die gemeinsamen Unterhaltungen. Tagsüber werden Deckspiele gemacht und abends wird sehr oft getanzt. Und es wird so viel fotografiert, dass eines Tages das Fotopapier zur Neige geht. Und – es wird täglich wärmer! Aus dem deutschen Winter fährt das Schiff in den Frühling, um auf Teneriffa endgültig im Sommer anzukommen. Hier geht es nach einer Woche auf See zum ersten Mal an Land. Für Elisabeth und Fräulein Hermann endet dieser Ausflug, auf den sie sich so gefreut haben, mit einer Enttäuschung. "Leider war es, als wir ankamen, schon 17 Uhr dreißig und beinahe dunkel, sodaß wir von dem Leben dort kaum etwas sehen konnten. Außerdem war es Sonntag und alle Läden geschlossen – die Straßen waren einsam und ziemlich dunkel, dazu sind sie eng. Das Leben spielte sich nur auf der Plaza ab. Wir hatten die anderen verloren, es war heiß und schwül. Außerdem waren wir müde von dem Wein, der so süß und glatt ist, daß man Mengen davon trinken kann. Aber merken tut man es gründlich erst nachher. So verging uns die Stimmung bald."
Ziemlich frustriert kehren die einsamen Ausflüglerinnen auf das Schiff zurück. Aus dem Frust wird handfester Ärger, "als ein Teil der Herren betrunken zurückkam". Als Letzte kommen Overlack und Herbst. Sie ziehen mitten in der Nacht laut singend durch das Schiff und singen so kräftig, dass leider der Text des Liedes nicht zu überhören ist: "Küsst du denn, küsst du denn die Wangen deiner Braut – küss sie auf den Arsch, das ist dieselbe Haut!"
Das geht nun eindeutig zu weit, besonders für ein junges Mädchen mit festen moralischen Grundsätzen. Am nächsten Tag übersieht sie geflissentlich die beiden und ist für sie nicht ansprechbar. Für die ist wiederum ihr Verhalten überhaupt nicht zu verstehen, und sie reagieren ihrerseits zutiefst beleidigt.

"Daraufhin machte ich ihnen meinen Standpunkt klar, und es kamen ein paar ungemütliche Tage." Aber lange halten sie diesen unerfreulichen Zustand nicht aus, merken wahrscheinlich selber, wie dumm sie sich eigentlich verhalten.

Die endgültige Versöhnung bringt dann die gemeinsame Arbeit der beiden Hauptstreithähne an der Äquatorzeitung. "Jetzt sind Overlack und ich die besten Freunde. Schon, wenn man ihn sieht, muß man lachen, denn ständig macht er die verrücktesten Witze." Die Äquatortaufe selbst ist eine willkommene Abwechslung und bringt viel Spaß und Gelächter mit sich. Sie findet ihren Höhepunkt im Galadinner und späteren Tanz. "Es sieht famos aus, wenn die Offiziere in ihren weißen Uniformen tanzen. Overlack, Herbst, Fräulein Hermann und ich haben den Tag mit einer Flasche Sekt im Mondschein an Deck beschlossen. Es war so heiß, daß wir uns nicht in unsere Kojen hinunterwagten."

Als nach zwei Wochen auf hoher See die Küste Amerikas auftaucht, wird sie freudig begrüßt. Am 17. Februar sind sie in Montevideo, Uruguay, und betreten nun zum ersten Mal südamerikanischen Boden. "Wundervoll war es, endlich mal wieder grüne Bäume zu sehen. Wunderschöne dunkle Akazien und Platanen säumen die Straßen, und auf der Plaza standen die schönsten Palmen. Montevideo ist eine moderne Großstadt mit 'Elektrischen' und wundervollen Läden. Die Häuser sind alle ziemlich niedrig, aber darunter einige ausgesprochen prächtig. Bei denen führt eine breite Marmortreppe in die 1. Etage. Die Leute sollen sehr reich sein. Alle Nase lang traf man Leute von der 'Rhakotis'. So hatten wir auch die beiden 'biederen' Deutschen Edi und Eugen aufgegabelt."

Inzwischen ist die Freundschaft zwischen ihnen so weit gediehen, dass sie sich immerhin beim Vornamen nennen. Nach den negativen Erfahrungen der beiden Frauen bei ihrem ersten Landgang auf Teneriffa können sie den jetzigen rundum genießen. Und auch das Treffen mit den inzwischen vertrauten Reisegenossen kann den Spaß nur erhöhen. "Köstlich waren die braunen Straßenbengel, die uns ständig umringten und uns mit ihren schwarzen lebendigen Augen anbettelten."

Wie gut, dass sie den Tag in Montevideo noch so richtig genossen haben, denn das war der letzte tropisch heiße Tag. Das Wetter schlägt ganz plötzlich um. "Schon am nächsten Tag hatte die Herrlichkeit mit der Sonne ein Ende – Nebel und Kälte den ganzen Tag, und jetzt kann man kaum noch draußen liegen", schreibt Elisabeth am 20. Februar. "Fast immer haben wir bewegte See. Das Schiff stampfte so, daß die hohen Sturzwellen bis auf die Back kamen. Wir stellten uns natürlich dahin und waren im Augenblick trotz Gummimantel vollkommen durchnässt. Das war herrlich! Von der höchsten Höhe sauste das Schiff plötzlich in die Tiefe, und ein großes Loch tat sich vor einem auf. Der 1. Offizier hat uns jetzt aber verboten, dort zu stehen, da man leicht über Bord gespült werden kann. Wundervoll ist es, wenn das Schiff schaukelt und in allen Fugen knarrt; besonders nachts, wenn alles schläft, und nur noch sehr wenig Licht brennt. Es ist unheimlich, aber gemütlich!"

Fahrt durch die Magellanstraße

Das Schiff hat das Ende Südamerikas erreicht. Um vom Atlantik in den Pazifik zu gelangen, muss es das gefürchtete Kap Hoorn umrunden oder die Passage durch die Magellanstraße wählen, die Patagonien von Feuerland trennt, die als die gefährlichste Meerenge der Welt gilt. Zunächst aber zeigt sich diese von ihrer ruhigen Seite. Am 22. Februar – fünf Tage nach ihrem sommerlichen Ausflug in Montevideo – legt der Dampfer in Puntas Arenas an, der südlichsten Stadt der Welt. Zu dieser Zeit allerdings hat man kaum das Gefühl in einer Stadt zu sein, denn sie besteht hauptsächlich aus Wellblechhütten. Während die meisten Passagiere in einer Kneipe hängenbleiben, machen Ed und Elisabeth zusammen einen weiten Ausflug ins Land. "Von der Höhe hatten wir einen wundervollen Blick. Vor uns lag die Stadt mit dem Hafen. Man konnte über die ganze Magellanstraße bis nach Feuerland sehen. Hinter uns war der abgebrannte Wald. Daraus waren Wiesen und Koppeln geworden, aber überall standen die kahlen Baumstämme. Und je weiter wir gingen, desto mehr wurden es. Aber nach 1½ Stunden waren wir in einem wundervollen Tal. Ein breiter Gebirgsbach mit vielen Steinen floß hindurch. Hier wurde früher Gold gewaschen. An den Abhängen war der kahle Wald, die Stämme z.T. verkohlt. Es sah ganz gespenstisch aus. Aber schön war es doch, als es endlich grün wurde. Dabei der Sonnenschein und die wundervolle Einsamkeit. Ich konnte mir gar nicht denken, daß wir hier im südlichsten Amerika saßen, man hatte das Gefühl, zu Hause einen schönen Sonntagsspaziergang gemacht zu haben. Das Schönste am Tag war der Blick über die grünen Wiesen und den grünen Wald. Das kann ich auf Dauer doch nicht entbehren."

Um 21 Uhr läuft das Schiff wieder aus. "Es ist immer ein wundervoller Anblick, wenn die Stadt im Lichterglanz vor einem liegt und man sie dann immer weiter entschwinden sieht."

Nach dem ungewohnten langen Marsch will Elisabeth nur eins: "recht lange pennen." – "Aber um 6 h weckte mich die Stewardess, es wäre zu schön draußen. Alle waren schon an Deck. An beiden Seiten des Schiffes waren die Felsen ganz nah. Schroff und steil steigen sie aus dem Wasser bis zu 1.000–2.000 m hoch. Auf der Höhe waren Schneefelder oder große Eisflächen. Ein Gletscher reichte fast bis ins Wasser. Stundenlang zogen diese Bilder an uns vorbei, immer wechselnd und neu. Wundervolle Buchten und Straßen führten weit in die Felsen. Aber eine furchtbare Einsamkeit herrschte dort. Wir malten uns aus, daß das Schiff plötzlich liegen bleiben müßte. Dann hätten wir kaum irgendwo mit den Booten landen können. Der Gedanke, daß es nicht weiterging, konnte einem wohl kommen bei dem furchtbaren Sturm. Wenn man draußen stand, war es wie ein einziger Donnerschlag ohne Ende. Von innen hörte es sich an wie Heulen und Pfeifen und Toben. Wir hatten Windstärke 10. Die Maschinen standen auf volle Kraft, aber es war,

als ob man kaum vorwärts käme. Das Schiff wurde immer gehoben und senkte sich in die Tiefe, und die Hälfte des Schiffes
war ganz verdeckt, wenn solch eine Welle über den Bug kam.
Draußen sein konnte man nicht lange. Wir sind nur um Luft zu
schnappen ein paar Mal um die Ecke gegangen. Das war eine
schwere Arbeit. Zu Fünfen eingehakt probierten wir es immer
wieder. Das Lachen dabei war natürlich die Hauptsache. Das
ist übrigens die beste Medizin gegen Seekrankheit. Es wurde
zur stehenden Redensart: 'Wer will mit um die Ecke gehen!'"

So verlief dieser Sturmtag. Die meisten Passagiere verzogen
sich früh am Abend in ihre Kojen. Aber "... ich setzte mich zu
ein paar anderen an den Tisch, und wir haben den Abend bis
½ 24 h doch noch ganz gut rumgebracht. Und das war ganz
schlau von mir, denn das Schlafen ging nur mäßig. Legte man
sich auf die eine Seite, so rollte man auf die andere und umge-
kehrt. Bald war der Kopf hoch, bald die Füße, man wußte wirklich nicht, wie man liegen sollte. – Dafür habe ich am nächsten Tag fast den ganzen Tag geschlafen. Mir war, als wenn die

Seekrankheit nicht allzuweit entfernt wäre, aber zum Glück verhielt sich der Magen ruhig." Einen Tag später liegen die Magellanstraße und der Sturm hinter ihnen. "Heute kommt sogar die Sonne schon wieder durch den Nebel."

Erst im Nachhinein wird ihnen so richtig bewusst, wie gefährlich die ganze Fahrt doch war: "Erst im Dezember hat ein Frachtdampfer vom Stillen Ozean aus bei Nebel den Eingang nicht finden können und ist spurlos verschwunden. Nur die Leiche des Kapitäns hat man als Einziges nach langer Zeit gefunden. Ein anderer Frachter, dem wir begegnet sind, hat tagelang vor der Einfahrt kreuzen müssen."

Das Schiff ist nun im Pazifik und fährt an der Westküste Chiles entlang nach Norden, und die Reise nähert sich ihrem Ende. Die letzten Tage an Bord vergehen schnell: "... und immer näher rückt die Stunde des Abschieds. Ich mag noch gar nicht daran denken. Die 'Rhakotis' ist uns so zur Heimat geworden, und dies ungebundene Leben war so schön, daß ich beinahe Angst habe vor den fremden Menschen und der unbekannten Arbeit."

Am 27. Februar 1914 morgens um 5 Uhr läuft das Schiff in Corral, dem Hafen von Valdivia und Osorno, ein. Mit Elisabeth geht auch ihre Kabinengenossin Fräulein Hermann von Bord und eine Reihe anderer Reisegefährten, die alle abgeholt werden und gleich weiterreisen. Nach kurzer Pass- und Gepäckkontrolle ist das Wichtigste der Brief an ihre Mutter: "Ich sitze in Corral auf einer Bank. Gerade ist unsere 'Rhakotis' aus dem Hafen gefahren." Mit dem Schiff entschwindet auch Freund Ed – so wie es aussieht – auf Nimmerwiedersehen.

Ob den beiden der Abschied schwergefallen ist? Oder war das Neue und Unbekannte, dem sie entgegengingen, stärker?

Ankunft der "Rhakotis" in Corral

In der Fremde

Elisabeth als Lehrerin in Osorno/Chile

Elisabeth wird zum Glück keine Zeit gelassen, ängstlichen und wehmütigen Gedanken nachzuhängen. Das Ankommen wird ihr leicht gemacht. Schon auf dem Schiff wird sie herzlich begrüßt: "... um 6 h klopft es an die Kabinentür und Koksch, ein zukünftiger Kollege, wollte mich abholen. Dadurch ging alles recht in Hetze, denn ich hatte mich gerade in meiner Koje nochmal umgedreht, um weiterzuschlafen. Herrn Koksch schien es besonderes Vergnügen zu machen, daß unser Schiff einen Tag zu früh kam, denn offiziell werde ich erst morgen abgeholt von einem Vorstandsherren der Schule mit seiner Gemahlin."[1]

Der Kollege ist nicht der Einzige, der zu ihrer Begrüßung angereist ist. Noch am selben Nachmittag kommen "Herr Schmidt mit Frau und Kind mit dem Dampfer aus Valdivia, bei denen soll ich vorläufig kampieren". Mit dem gleichen Dampfer fahren sie wenig später alle zusammen nach Valdivia. "1½ Stunden sind wir auf dem Rio Calle Calle bis hierher gefahren – ein Fluß wohl doppelt so breit wie die Weser, an beiden Seiten von hohen Bergen eingerahmt, grün, aber mit vielen stockigen, verbrannten Bäumen."

Wie schon in Punto Arenas auch hier, und später immer wieder, verbrannte Wälder. War es schon damals – wie heute noch – Brandrodung?

Nach fünf Wochen auf dem Meer schläft sie zum ersten Mal wieder an Land. Sie ist in Südamerika angekommen.

Der Osorno

Der erste Brief aus ihrer neuen Heimat: "Osorno/Chile via Cordillera, Sonnabend, den 28. Februar 1914.

Liebe Mutter! Nun bin ich wirklich hier und kenne den Ort meiner Tätigkeit schon etwas. – Ich wohne also vorläufig bei Schmidts und habe keine Ahnung, wie lange das dauern wird. Er stammt aus Dtschl. und sie ist Deutsch-Chilenin. Er sagte gleich, ich solle sein Haus als meines ansehen. Sie haben ein

Ein Hotel südöstlich von Osorno

ganz kleines Häuschen aus Holz wie alle hier. Der Garten ist sehr niedlich. Eine Unmenge Rosen und andere Blumen blühen noch, und alles ist von Obstbäumen beschattet. Wundervolle Äpfel und Birnen stehen mir immer zur Verfügung. Ich habe schon tüchtig geschmaust."

Im gleichen Brief schildert Elisabeth die Zugfahrt von Valdivia nach Osorno, und die muss wirklich abenteuerlich gewesen sein: "Zuerst ging's am Rio Calle Calle entlang, dann lange Zeit durch den Urwald. Mächtige Berge gab's an beiden Seiten, z.T. undurchdringlich. Immer wird gebrannt. So kommt's, daß aus dem Grün überall die kahlen Stämme durchgucken, wodurch das Ganze einen ziemlich trostlosen Eindruck macht. Aber auch wundervolle Schluchten mit einem reißenden Fluß in der Tiefe und Felsen an beiden Seiten waren zu sehen.

Dazwischen tauchte plötzlich ein freier Platz auf mit kleinen Holzbaracken – ungefähr so groß wie unsere Sommerhäuschen, die dienten einer großen Indianerfamilie zur Wohnung, die konnte man immer wieder sehen. 2 Mal fuhren wir wohl 5–10 Minuten über eine Holzbrücke über einer steil abfallenden Tiefe. Das Holz knarrte und knackte, und der Zug fuhr ganz langsam. Koksch hielt den Atem an vor Angst, und ich merkte plötzlich, daß niemand außer mir noch saß. Sie erwarten wohl jeden Tag, daß die Brücke einstürzt. Aber geändert wird nichts dran."

Von der großen Gemeinschaft der Deutschen wird sie mit offenen Armen empfangen. Kein Wunder, kommt doch mit ihr ein neues Gesicht und frischer Wind in die alteingefahrene Gesellschaft. Sie merkt sehr schnell, dass sie die Freiheit, in die sie aufgebrochen ist, hier nicht finden wird, sondern die Grenzen sind, vor allem für eine junge Frau, viel enger gezogen als zu Hause. Doch sie lässt sich nicht einengen: "G.s.D. habe ich etwas mehr Freiheit als die hiesigen Damen." Das wird ihr sogar auch zugestanden: "Bei mir ist das, wie er sagte, auch etwas anderes."

Wenn es auch so manche Abwechslung und Unternehmungen gibt, Tennis, Reiten, Ausflüge oder auch Lichtbildervorträge, sogar eine Art "Kränzchen" mit Tanz, wirkliche menschliche Kontakte entwickeln sich nicht so schnell. So schreibt sie an ihre Schwester: "Wenn Du mir manchmal Berichte aus Deutschland schickst, ist das sehr fein. Man ist hier doch sehr abgeschlossen von der Welt, und die Menschen, die ich bisher kennengelernt habe, sind trotz ihres Reichtums sehr einfache Leute. Die Lehrer sind noch die Besten. [...] Auch hier ist Reichtum die Sehnsucht aller." Von der Frau ihres Schulleiters heißt es: "... ich mag sie freilich nicht gern, gehe trotzdem in der Pause in ihre Küche, um meine Weintrauben zu waschen, oder bummel mit ihr auf der Plaza etc. Ich habe bis jetzt eben wenig Auswahl." Das klingt nicht besonders fröhlich und auch schon etwas nach dem Heimweh, das sie immer begleiten wird.

Dabei bemühen sich alle um sie, um ihr beim Heimisch-Werden zu helfen. Zum Beispiel ihr Hauswirt, der eine große Rolle in der deutschen Gemeinde spielt: "Herr Schmidt will mir den schönsten Wasserfall Chiles zeigen", oder: "Koksch will mich durchaus mithaben in den Urwald, wo eine deutsche Lehrerin eine Familienschule hat."

Und es werden noch andere gemeinsame Ausflüge, wie einer nach Corral, geplant. Aber nun zeigt sich zum ersten Mal ihr angeborener Pessimismus: "Wir haben 8 Tage Ferien, und es wird wohl regnen. Es ist jetzt schon so kalt, daß man nur noch in der Sonne draußen sitzen kann. Ich sehe es schon kommen, daß aus allem nichts wird."

Als Elisabeth in Osorno ankommt, ist es Herbst mit üppiger Blütenpracht und einer Fülle von Obst. Sie kann sich satt essen an Äpfeln, Birnen, Trauben. Aber sehr bald kommt der lange Winter mit Kälte und nicht enden wollendem Regen. Sie sucht und findet Möglichkeiten, dem zu begegnen.

Als Erstes nimmt sie Spanisch-Unterricht, denn sie lebt in einem spanisch sprechenden Land, dessen Sprache sie erst noch unvollkommen beherrscht. Auch in der deutschen Schule wird Spanisch gesprochen, also bittet sie ihre Schülerinnen, sie auf Fehler aufmerksam zu machen.

Die finden es natürlich wunderbar, ihre Lehrerin verbessern zu dürfen, was den Nebeneffekt hat, dass sie wie die Luchse aufpassen. Ihr zweiter Ausweg aus der Tristesse ist das Klavierspielen. Sie nimmt Unterricht und darf auf Schmidts Instrument uneingeschränkt spielen, womit sie manch einsame Stunde überbrücken kann. Als dritte Möglichkeit hat sie das Lesen. Schon in Göttingen hatte sie angefangen, Romane, Abhandlungen, Gedichte etc. in einem dicken Heft zu notieren und zu kommentieren. – Ihr letzter Eintrag stammt aus den Monaten kurz vor ihrem Tod.

Auch der ungemütlichste Winter geht einmal zu Ende. Mitte August schreibt Elisabeth an ihre Mutter: "Das erste Mal seit 4 Monaten habe ich wieder auf einem Gaul gesessen. Da gewinnt man endlich wieder Mut, weil man weiß, daß der Winter ein Ende hat. Ich dachte, ich würde gar nicht mehr reiten können. Alle Winterschwere fällt von einem ab bei einem einzigen

Galopp über die sonnige Pampa." Das Reiten ist für Elisabeth so wichtig, dass sie sich sogar zwei Jahre später ein eigenes Pferd kauft, in der Hoffnung, es später, wenn der Vertrag mit der Schule abgelaufen ist, zum gleichen Preis wieder verkaufen zu können. Das eigene Pferd verschafft ihr mehr Unabhängigkeit und Freiheit.

"Da braucht man doch nicht jeden Sonntag in der staubigen Stadt Trübsal zu blasen. Es ist nur schwer, immer die nötige Anzahl Herren zu finden. Denn allein nur spazieren reiten, im Wald lagern oder in einem Dorf einkehren und zu Mittag essen, kann man hier nicht. Man ist immer auf Gastfreundschaft angewiesen."

Krieg in Deutschland – Heimweh

Zum Glück dauert es nicht lange und Elisabeth braucht ihre Freizeit nicht mehr mit Gelegenheitsbekanntschaften oder solchen, die sie "eigentlich nicht mag", verbringen. Sie gewinnt gute Freunde, zu denen vor allem Koksch zählt, der sie als Erster schon auf dem Schiff begrüßt hatte. Mit ihm wird sie eine lebenslange Freundschaft verbinden. So wird Elisabeth in der Fremde allmählich heimisch. Das Heimweh, das sie in dem langen nasskalten Winter so sehr geplagt hatte, ist einigermaßen überwunden.

Da bricht in Deutschland der Krieg aus, und damit wird die Trennung von der Heimat und ihren Lieben dort zum Problem. Wenn auch bisher schon mancher Brief verloren gegangen war, so muss sie jetzt oft monatelang warten, bis sie überhaupt mal ein Brief erreicht. Dazu kommt die ständige Sorge um ihre Mutter, auch um die Schwester und all die Verwandten und Freunde, die jetzt eingezogen werden und an die Front müssen. Es ist quälend, so wenig von dem zu erfahren, was wirklich in Deutschland passiert. Die öffentlichen Verlautbarungen in Chile sind meist wenig informativ und alles andere als deutschfreundlich. So schreibt sie einmal: "Ich möchte so gern mal wieder Nachricht von Euch bekommen. Man lebt sich so sehr auseinander, wenn man so wenig voneinander hört!"

Ein Trost in dieser schweren Zeit ist der Briefwechsel mit ihrer Großmutter, der Mutter der Mutter, die bei ihrem Sohn in Springfield/USA lebt. Dabei taucht allerdings ein neues Problem auf: Die Großmutter bekommt seit Kriegsbeginn ihre Rente aus Deutschland nicht mehr, und so sind ihre Geldsorgen oft das Thema ihrer Briefe. Schließlich finden sie eine Lösung: Die Enkelin gibt einen Teil ihres Einkommens an die Großmutter. Da das nicht besonders hoch gewesen sein dürfte, war das schon ein kleines, wenn auch gern gegebenes, Opfer. Dafür geht ein Teil der Rente der Großmutter in Göttingen auf Elisabeths Konto. Abgesehen davon, dass der Geldtransfer von Chile in die USA mit manchen Schwierigkeiten und Kosten verbunden ist, geht schließlich das ganze Geld in Deutschland während der Inflation restlos verloren. Aber das kann zu dieser Zeit natürlich niemand ahnen.

Die Mutter in Deutschland, die Großmutter in den USA und Elisabeth in Chile suchen nach alternativen Wegen für ihre jeweilige Post und finden ihn schließlich über Schweden. Fortan schicken sie ihre Briefe über eine Adresse in Stockholm. Ob die nun ihr jeweiliges Ziel sicherer erreichen, ist nicht bekannt – nur, dass auch sie Monate unterwegs sind.

Ganz sicher denkt Elisabeth in Osorno manches Mal an ihren Reisegefährten und Freund von der Schiffsreise und daran, was wohl aus ihm geworden ist. Aber eine Nachricht von ihm hat sie nie bekommen.

Ed auf der Jagd im Urwald

La Paz mit Illimani

Eduard in Bolivien

Nachdem Elisabeth am 27. Februar 1914 in Corral das Schiff verlassen hat, reisen Eduard und Eugen an der Westküste Chiles bis zum äußersten Norden des Landes weiter.

In Antofagasta gibt es eine direkte Zugverbindung nach La Paz in Bolivien. Hier erwartet Ed verabredungsgemäß sein Corpsbruder. Wie Ed bald feststellt, braucht dieser auf seiner Hazienda weniger einen Teilhaber als einen Lebensgefährten, d.h. er ist schwul. Ziemlich spät merkt der Weitgereiste, dass er sich nicht rechtzeitig und gründlich genug darüber informiert hatte, was ihn erwarten würde, und er "die Katze im Sack" gekauft hatte. Unter dieser Voraussetzung ist an ein Bleiben für ihn nicht zu denken, und er verlässt die Hazienda.

Einmal im Land, beschließt er, so viel als möglich davon kennenzulernen. Wenn er hier keine Arbeit findet, kann er immer noch in die Heimat zurückkehren. Weit im Landesinneren, im

Der Brief eines jungen Krefelders aus Südamerika

den wir nachstehend bringen, zeugt, wie so viele, von dem Geiste der Deutschen in aller Welt:

La Paz (Bolivien) 20. August 1914.

Meine Lieben!

Trotzdem es sehr zweifelhaft ist, ob Ihr je in den Besitz dieses Briefes gelangt, will ich Euch meine bisherige Lage schildern und meine Zukunftspläne mitteilen. Nachdem ich hier durch verstümmelte Nachrichten von einer Kriegserklärung Deutschlands gegen Frankreich, England und Rußland gehört hatte, habe ich natürlich gemäß meiner Kriegsinstruktion sofort versucht, nach Deutschland zu kommen. Schnell waren meine Sachen gepackt, und nach Rücksprache mit dem deutschen Konsul entschloß ich mich mit einigen Deutschen auf dem Landwege nach Buenos Aires zu kommen, um von dort auf einem neutralen Schiff nach Europa zu gelangen. Unter sehr großen Strapazen und Entbehrungen haben wir in acht Tagen, teils zu Pferd und zu Wagen — zweirädrige, ungefederte Karren, die von 6 bis 8 Maultieren gezogen wurden, teils mit der Eisenbahn den südlichsten Teil von Bolivien erreicht, die kleine Stadt Tupiza. Dort erreichte uns ein Telegramm des Konsuls mit der Weisung, sofort wieder zurückzukehren, da kein Schiff den Hafen von Buenos Aires verlassen dürfe. So mußten wir tiefbetrübt mit geballten Fäusten wieder diesen schrecklichen Weg, den wir gekommen waren, zurück und haben gestern La Paz erreicht. Der Konsul bescheinigte mir in einem dienstlichen Attest die Absicht meiner Reise, indem er erklärt, daß ich alles versucht habe, um auf den Kriegsschauplatz zu gelangen. Er sprach mir gegenüber die feste Hoffnung aus, daß auch ich dem bedrängten Deutschland in 3—4 Wochen zu Hilfe eilen dürfte, da dann wohl bestimmt einige Schiffe über New-York nach Schweden oder Norwegen gelangen würden. So sitze ich denn jetzt wieder hier, Wut und Scham im Herzen, daß ich nicht das mit vollbringen helfen kann, was alle meine Familienangehörigen, Bekannten und Freunde tun dürfen. Ich hoffe aber noch früh genug nach drüben kommen zu können, sei es auch nur, um wieder das mit aufbauen zu helfen, was der Krieg vernichtet hat.

Hier in Bolivien sieht es jetzt mehr als traurig aus. Da über Bolivien der Belagerungszustand verhängt ist und jegliche Einfuhr fehlt, steigen die Preise ins Ungeheure. Jeglicher Handel und Eisenbahnverkehr stockt, da es an Kohlen fehlt; infolgedessen ist hier nichts mehr zu wollen .... ich leide hier keinen Mangel; will aber, nachdem ich heute abend einen Vortrag über moderne Feldbefestigungen, Pionier- und Flugwesen gehalten habe, nach Huanka Pampa reiten, um diesen unwahren, sich widersprechenden Nachrichten über den Verlauf des Krieges zu entgehen. Diese falschen Gerüchte reiben einen vollkommen auf; dann lieber garnichts erfahren. Ich persönlich kenne unsere deutschen Soldaten und weiß, wie sie ihr Vaterland verteidigen werden, weiß, daß wir aus diesem furchtbaren Krieg siegreich hervorgehen werden und müssen. So kann ich morgen ziemlich ruhig nach Huanta Pampa reiten, um dort die nächste Gelegenheit, nach drüben zu kommen, abzuwarten. Sollte sich Nord-Amerika zu unseren Gunsten, als unsere Verbündeten am Kriege gegen unsere Feinde beteiligen, so werde ich keinen Augenblick zögern, mich dort als Freiwilliger zu stellen. Da nach dem Kriege unbedingt ein Mangel an jungen Leuten sein wird, werde ich wohl nach drüben kommen, um mich dort nützlich zu machen. Jetzt habe ich Euch meine Lage geschildert, die Lage aller Deutschen im Auslande. Ihr wißt, daß ich alles aufbieten werde, um meinem lieben Vaterlande meine geringen Kräfte in Kürze zur Verfügung zu stellen, und daß ich keine Strapazen und Entbehrungen scheuen werde, um nach drüben zu kommen. Da in dieser Zeit wohl drüben jegliche Nachrichten über die Deutschen im Auslande fehlen, wäre es angebracht, einen Teil dieses Briefes zu veröffentlichen. . . . . ."

Hier folgt die Unterschrift. Wir erfüllen den Wunsch des jungen Krefelders, der solche großen Anstrengungen gemacht hat, um an sein Ziel zu kommen, indem wir nicht einen Teil, sondern, mit Streichung des Persönlichen natürlich, den ganzen Brief veröffentlichen. Gewinnen wir doch ein anschauliches Bild von der Lage und . . . . . der vielen Deutschen im Ausland, denen die Umstände . . . . . ihres Wunsches versagen.

Urwald Amazoniens, hat er die politische Lage in Deutschland nicht richtig verfolgt und eingeschätzt. So überrascht ihn der Kriegsausbruch einigermaßen unerwartet. In La Paz holt er sich Rat beim deutschen Konsul und bricht dann mit einigen anderen Deutschen nach Buenos Aires auf, um dort zu versuchen, ein Schiff zu finden, das nach Europa fährt. Kein Wort davon, ob auch Eugen Herbst in dieser Gruppe zu finden ist. Diesen Versuch schildert Ed in einem Brief an seine Eltern, der dann in der dortigen Zeitung abgedruckt wird unter der Überschrift: "Der Brief eines jungen Krefelders aus Südamerika." Daraus einen Abschnitt: "Unter sehr großen Strapazen und Entbehrungen, haben wir in 8 Tagen, teils zu Pferd und zu Wagen – zweirädrige ungefederte Karren, die von 6–8 Maultieren gezogen werden –, teils mit der Eisenbahn den südlichsten Teil Boliviens erreicht, die kleine Stadt Tupiza. Dort erhielten wir ein Telegramm des Konsuls mit der Weisung, sofort zurückzukehren, da kein Schiff den Hafen von Buenos Aires verlassen dürfe. So mußten wir den schrecklichen Weg, den wir gekommen waren, tief betrübt mit geballten Fäusten zurück." Der Brief endet so: "Ihr wißt, daß ich alles aufbieten werde, um meinem lieben Vaterland meine geringen Kräfte in Kürze zur Verfügung zu stellen, und daß ich dafür keine Strapazen und Entbehrungen scheuen werde, nun nach drüben zu kommen."

Welch ein Glück, dass ihm das auch später nicht gelungen ist! Nun fängt das Abenteuer für Ed erst richtig an, denn jetzt steht er ziemlich mittellos da. Also muss er schnellstens Arbeit finden. In dieser Situation beschließt er: "Ich mache alles und ich kann alles!" Diese Haltung hilft ihm, mit allen Schwierigkeiten fertig zu werden. Unter anderem steht er zweimal in der Woche als Verkäufer in einem Indianerlädchen. Wie in allen Städten Südamerikas gibt es auch in La Paz einen deutschen Klub. Hier trifft man sich, und hier findet man Freundschaft, Information und Hilfe. Und auch Ed wird weitergeholfen. Er bekommt eine Anstellung in der Goldmine Chungamayo (was heißt: zehn Flüsse) am nordöstlichen Fuß des Illimani. Der ist mit ca. 6.400 m der zweithöchste Berg Boliviens und dominiert als "Hausberg" von La Paz das ganze Umland. Hier trifft Ed auf Adolf Schulze, einen Deutschen, der ein erfahrener Bergsteiger ist. Dem lässt dieser gewaltige, bisher noch unbezwungene Berg keine Ruhe, und er beginnt, dessen Besteigung zu planen. Mit seiner Begeisterung steckt er seinen Arbeitskollegen Overlack an, und der fängt an, mit zu planen und mitzumachen. Dabei muss wohl seine Abenteuerlust den Ausschlag gegeben haben, denn Erfahrung im Bergsteigen hat er keine. Woher auch? Kommt er doch vom Niederrhein, wo es weit und breit kein Gebirge gibt, kaum einen größeren Hügel. Das kann sicher auch nicht das eine Jahr wettmachen, das er inzwischen im bolivianischen Hochland lebt.

Der Illimani

Ein Flachländer besteigt den Illimani

In Eugen Bengel und Rudolf Dienst finden sie die notwendige Verstärkung. Das Quartett trifft sich in La Paz zur Planung und Vorbereitung ihrer Expedition. Dann kehren sie zunächst alle an ihren Arbeitsplatz zurück. Bis zu ihrem Aufbruch trainieren sie jedes Wochenende in den Kordilleren. Aber die Frage, wie sie die dünne Luft vertragen werden, bleibt, denn keiner von ihnen, auch Schulze nicht, ist je viel mehr als über eine Höhe von 5.000 m hinausgekommen.

Als es soweit ist, brechen Dienst und Bengel von La Paz aus auf und erreichen im Zwei-Tage-Ritt die im Dschungel gelegene Goldmine, wo die beiden anderen sie erwarten.

Unterwegs

Die Beschreibung dieser Illimani-Besteigung findet sich in dem Buch von Rudolf Dienst: "Im dunkelsten Bolivien". An die halte ich mich, wenn ich hier davon erzähle. Die wörtlichen Auszüge setze ich in Anführungszeichen.[2]

Am 25. Mai 1915 beginnt der Aufstieg der Vier unter der Führung von Adolf Schulze vom Dschungel in die Gletscherwelt. Sehr bald stellt sich heraus, dass sie bei den Vorbereitungen einige gravierende Fehler gemacht haben. Erstens sind ihre Reittiere Pferde statt der bergtauglichen Mulas (Maultiere). Das hat zur Folge, dass sie diese schon am ersten abendlichen Rastplatz zurücklassen müssen an einer Stelle, wo sie genügend Futter und Wasser finden. Der zweite Fehler zeigt sich dann am nächsten Tag: Die Auswahl der Träger! Das sind Indios aus subtropischem Klima, die genauso bergungewohnt sind wie die Pferde. Sie übernehmen zwar das Gepäck, aber schon bald fangen sie an, sich zu verweigern. Nur mit vielen Versprechungen können sie dazu gebracht werden, das Gepäck bis zum zweiten abendlichen Rastplatz zu bringen, dann verschwinden sie zurück zu den Pferden, um dort auf die Rückkehr der Bergsteiger zu warten. Die müssen nun ohne Träger auskommen. Dazu schreibt Dienst:

"Am nächsten Morgen lassen wir Decken, Schlafsäcke und überhaupt alles Schwere zurück. Die warmen Sachen ziehen wir auf den Leib, im Rucksack nur eine Wolljacke, einen großen Wollschal, etwas Mundvorrat, Kochapparat, Brennspiritus und damit los." Zunächst geht es verhältnismäßig leicht. Schon am Vormittag erreichen sie den 5.500 m hohen ersten Gipfel des Illimani, den "Pico del Negro".

Doch dann versperrt ihnen ein Gletscherbruch den Weg und sie müssen stundenlang Stufen hacken, um ihn zu überwinden. Danach wird der Boden spiegelglatt. Als die Dunkelheit hereinbricht, finden sie Schutz in einer Eishöhle. Zunächst finden sie ihr Nachtquartier sogar ganz "gemütlich". Der Magen wird mit heißem Cocablätter-Tee beruhigt, dann gibt es wunderbaren dicken Kakao. Aber später wird es unheimlich: "Wenn nur das ständige Knarren und Knacken nicht wär'. Jetzt ein Krachen wie ein Kanonenschuß, Eissplitter fallen auf uns herunter. Das gefrierende Wasser scheint die Wände zu sprengen."

Die Angst, dass ein herabbrechender Eisbrocken den Ausgang zusperren könnte, lässt sie ihre Sachen zusammenpacken und in die mondhelle Nacht hinausgehen. Aber ein nächtlicher Aufstieg erweist sich als unmöglich. Also zurück in die Höhle. Halb sitzend, halb liegend verbringen sie die Nacht. Trotzdem fühlen sie sich nach einem heißen Kakao am nächsten Morgen erstaunlich gut erholt und brechen voll neuen Tatendrangs zum – wie sie meinen – Endspurt auf. In der Annahme, dass sie am gleichen Tag den Gipfel erreichen werden und abends wieder in derselben Eishöhle übernachten können, lassen sie hier ihren Kocher, Kakao, Büchsenmilch und Zucker zurück.

Am vierten Morgen gehen sie also fast ohne Verpflegung, und vor allem ohne genügend Getränke, los. Um ihren Durst zu löschen, lutschen sie verharschten Schnee. Sie haben nichts anderes. Aber am Abend ist davon der ganze Mund entzündet. Und gegen die unbarmherzig brennende Gletschersonne haben sie nur eine einzige kleine Dose Lanolin; mehr war in La Paz nicht zu ergattern. Aus Rücksicht aufeinander geht jeder so sparsam damit um, dass bei ihrer Heimkehr die Dose noch halb voll ist. Dementsprechend ist ihr Sonnenbrand.

Nach Verlassen der Höhle gestaltet sich ihr Weg zunächst noch verhältnismäßig einfach. Stundenlang stapfen sie durch den Schnee und sind schon am Vormittag am Fuß des zweiten Gipfels, dem "Pico del Indio", angelangt. Hier wird es richtig problematisch, sie haben einen steilen Hang vor sich: "Also gerade die Wand hinauf. Der Schnee ist stark verharscht, schon fast Eis. Wir schlagen Stufe um Stufe, stets am Seil und mit Pickel gesichert. Overlack ist am schlimmsten dran. Er geht ohne Pickel, denn er muß den 3 m langen Fahnenstab tragen. Aber dafür braucht er auch nicht Stufen schlagen, eine Arbeit, die uns der Reihe nach keuchen und pusten läßt, bis wieder der nächste vor muß, mit unendlicher Vorsicht am glatten Hang."

Es ist nachmittags vier Uhr, als sie endlich auf dem Kamm stehen. Der Gipfel ist zum Greifen nah – sie müssen nur noch das vor ihnen liegende Schneefeld überqueren und glauben, ihn noch am selben Tag erreichen zu können. Aber sie haben sich verschätzt, das Plateau ist sehr breit und der Schnee knietief und weich. Schulze geht vor wie ein Rammbock und bahnt eine tiefe Furche, die drei Anderen schleppen sich mit letzter Kraft hinterher, keiner von ihnen ist in der Lage, Schulze abzulösen, aber durch müssen sie.

Als sie endlich den nächsten Kamm erreichen, ist es Nacht. Ihre Rettung ist eine Eishöhle, in die sie sich an einem am Pickel befestigten Seil herablassen. Der Boden der Höhle ist beängstigend glatt und etwas abschüssig. Von der Decke abgeschlagene Eiszapfen rutschen schnell in irgendwelche unergründliche Spalten. Ungleich ungemütlicher als die vorangegangene wird diese Nacht. Da sie den Kocher an ihrem letzten Lagerplatz zurückgelassen haben, gibt es nichts Heißes zu trinken. Um wenigstens am nächsten Morgen etwas zu haben, füllen sie ihre Feldflaschen mit Eiszapfen, die sie unter dem Pullover auf der Brust auftauen. Quälend ist der Durst. Ihre Mahlzeit besteht hauptsächlich aus einem Schluck Kognak und einer Dose Marmelade, die sie sich teilen. "Sogar Overlacks perlender Humor ist versiegt. Der Ärmste ist auch schlimm dran. Seine Hose hat den Strapazen nicht standgehalten und zeigt an der Stelle, wo der Mensch sitzt, Löcher und Risse. Und das in 6.000 m Höhe auf blankem Eis."

Unendlich langsam vergeht die Nacht. Als sich das erste Tageslicht zeigt, brechen sie auf. Ein Stück Schokolade und das an der Brust getaute Eis bilden ihr Frühstück, dann turnen sie am Seil hoch. Erstaunlich frisch und voller gespannter Erwartung bewältigen sie das letzte Stück, das keine nennenswerten Schwierigkeiten mehr bereitet. Und dann haben sie es geschafft! "Halb sieben Uhr morgens ist es. Unter uns liegt die ganze Welt. Wir 4 setzen uns nebeneinander auf den Gipfel. Die Aussicht ist zu groß, zu prächtig und zu vielseitig, um von uns in unserem erledigten Zustand richtig gewürdigt zu werden." Im Westen erstreckt sich die öde Pampa, unter ihnen liegt La Paz, im Norden die Bergwelt der Kordilleren im Morgenlicht, im Osten die waldigen Kuppen des Dschungels im Frühdunst und im Süden die Berge von Araca mit ihren scharfen Spitzen und Graten.

"Der von Overlack mit soviel Mühe herauf gebrachte solide Stab wird tief und fest in den Schnee gerammt, die 3 m lange deutsche Fahne daran befestigt."

Nachdem noch Fotos gemacht sind, wird schon nach einer halben Stunde dort oben der Rückweg angetreten. Zu groß ist die Furcht, noch eine Nacht in einer Eishöhle verbringen zu müssen. Abwärts und in den alten Spuren geht es schnell und leicht. Ungefähr drei Stunden brauchen sie bis zu der Eiswand und beginnen mit dem Abstieg.

Der ist gefährlich, die Pickel geben kaum Halt, die Sonne brennt und ständig kämpfen sie gegen die Müdigkeit an. Ein kurzes Einschlafen würde den Absturz und den sicheren Tod für alle bedeuten. Endlich ist der Sattel erreicht und es geht Stunde um Stunde abwärts, bis sie gegen drei Uhr nachmittags die untere Eishöhle erreichen. Hier finden sie ihren Kakao vor und können sich endlich mit Sickerwasser Kaffee kochen und kurz rasten. Aber sie müssen weiter, sie haben noch den Gletscherbruch beim Illimani Negro zu überwinden. Als sie den erreichen, ist es Nacht geworden und die Kletterei zu gefährlich. So strecken sie sich lang auf dem Boden aus und warten den Vollmond ab. Der gibt dann zwar auch nicht besonders viel Licht und das Hinunterklettern ist nicht ohne Risiko, aber ihre Kette am Seil ist so lang, dass immer einer oder zwei sicheren Halt haben. Um zehn Uhr abends haben sie ihren zweiten Lagerplatz erreicht und finden tatsächlich alles vor, was sie zurückgelassen haben. Dankbar kriechen sie in ihre Schlafsäcke und können zum ersten Mal nach zwei Nächten wieder ausgestreckt und wohlig warm schlafen, ohne Angst vor krachenden Eiswänden oder dem hohlen Boden unter ihren Füßen.

"Mitten in der Nacht wache ich auf und schaue auf zu den hellen Sternen. Ein unbeschreibliches Glücksgefühl durchströmt mich, als ich unter meinen Decken wohlverpackt daliege. Der Berg ist geschafft, der Abstieg vollendet. Jetzt erst kommt richtige Freude auf."

"Mit peinigend schmerzenden Gesichtern schälen wir uns am nächsten Morgen aus unseren Decken und Schlafsäcken. Der dreitägige Marsch über die von der senkrechten Tropensonne beschienenen Gletscher hat die Haut stark entzündet, bis zum Zerreißen gespannt und mit Blasen bedeckt. Auch der Durst ist wieder riesengroß, und wir haben nicht einen Tropfen Wasser. Aber wir waren oben!"

Rastplatz der Pferde

Der Abstieg zum Pferdelager ist einfach. Die Träger hatten sie schon früh oben auf dem Grat entdeckt und waren hinaufgestiegen, um das Gepäck zu holen. Das erste Stück müssen sie dann die Pferde führen, danach können sie die meiste Zeit bis

Chungamayo reiten. Sie genießen die Wärme des Dschungels, der sie allmählich aufnimmt. Einige Tage erholen sie sich im Minenhaus von Schulze, das mitten in der subtropischen Vegetation alles bietet, was sie jetzt brauchen, sie baden im nahen Waldbach, pflücken sich die Apfelsinen von den Bäumen und "essen Lolo arm und das Haus leer".

Dann trennen sie sich. Unterwegs gehen mächtiger Regen und Schnee über sie nieder. Wie sieht es jetzt auf dem Illimani aus? Wie wäre es geworden, wenn sie bloß wenige Tage später aufgebrochen wären?

In La Paz nimmt die deutsche Kolonie die Nachricht von der Besteigung begeistert auf.

Anders dagegen die Presse. Folgende Informationen stammen aus dem Buch "Südamerika, die aufsteigende Welt" von Colin Ross, der zu der Zeit in La Paz lebte.[3]

"Dabei empfingen die kühnen Bergsteiger zunächst nur Angriffe, Hohn und Spott. Es war mitten im Krieg, und man war um diese Zeit in Bolivien nicht sehr deutschfreundlich. Die Behauptung der Bergsteiger, den Illimani bezwungen zu haben, wurde zunächst als glatte Lüge abgetan."

"Viele Neugierige pilgerten zum Observatorium der Jesuiten hinauf, um durch das große Teleskop nach unserer Fahne auszuschauen. Die meisten entdeckten sie, aber manche kletterten unverrichteter Dinge wieder hinab und schworen, daß nie und nimmer die deutsche Fahne da oben stände."

Am 5. Juni trafen eine Reihe von Mitgliedern der Geographischen Gesellschaft von La Paz, die Observatoren der Jesuiten und andere auf dem Observatorium zusammen und suchten mit dem Teleskop den Gipfel des Illimani nach der Fahne ab. Nichts! Die Herren setzten sich zusammen und erstellten ein Dokument:

"Die Behauptung einiger Deutscher, die höchste Spitze des Berges erklommen zu haben, müsse infolgedessen als unwahr zurückgewiesen werden." – "Unterdessen war die Zeit vergangen, die Sonne hatte sich geneigt, da stürzte einer der Observatoren, der noch einmal durch das Teleskop geschaut hatte, mit dem Ruf herein: 'Die Fahne ist da!' Das aufgesetzte Dokument musste vernichtet werden und ein neues aufgesetzt, in dem die tatsächliche Besteigung bestätigt wurde."

Die Erklärung des Phänomens ist einfach: In der senkrecht stehenden Mittagssonne wird das Licht vom Schnee so reflektiert, dass eine kleine flimmernde Schicht alles unsichtbar macht. Nur in der niedrig stehenden Morgen- oder Abendsonne konnte daher die Fahne gesehen werden. Drei Wochen ist sie zu sehen, so lange ist die Entrüstung groß und gipfelt in der Presse in der Frage, ob der Illimani nun deutsches Hoheitsgebiet sei, wenn dort die deutsche Fahne wehe. Erst da wird den Bergsteigern klar, dass neben der deutschen auch die bolivianische Fahne dort hätte aufgepflanzt werden müssen. Der Sturm der Entrüstung legt sich erst mit dem Verschwinden der Fahne.

"Ein Unternehmen wie die geplante Besteigung des Mount Everest beschäftigt monatelang die ganze Welt. Aufsätze und Bilder von dieser Expedition gingen, trotzdem sie nicht zum Ziel kam, durch die Presse aller Länder. Von den erfolgreichen, kaum weniger schwierigen Versuchen aber, die ein paar junge Deutsche an die Eroberung der Eisspitze des 'amerikanischen Himalajas' wagten, ist kaum über Bolivien hinaus Kunde gedrungen."

Vom Gelegenheitsarbeiter zum Minendirektor

Die zunehmende Deutschfeindlichkeit in Bolivien seit Kriegsbeginn, die sich vor allem in der Presse Gehör zu verschaffen weiß, lässt die regelmäßigen Treffen im deutschen Klub in La Paz noch wichtiger werden. Hier lernt Ed Andreas Trepp kennen, Mitinhaber der Firma Boettiger, Trepp und Co., Besitzer einer Zinnmine in Araca in 4300 m Höhe, südlich vom Illimani, an der Nordspitze der Quimsa-Cruz-Kette der Kordilleren. Dort wird dringend ein Leiter gesucht. So fragt Trepp nun Ed bei einem dieser Treffen, ob er Kenntnisse mit Vermessungsarbeiten habe. Dessen einzige Kenntnisse fußen auf dem, was er in seinem – abgebrochenen – Studium in Hannover gelernt hatte, und wahrscheinlich waren diese auch ausschließlich theoretischer Natur. Aber getreu seinem Motto, "Ich kann alles und ich mach' alles", und mit einer gehörigen Portion Selbstvertrauen bejaht er diese Frage. Und es fällt ihm nicht schwer, Trepp von seiner Eignung zu überzeugen. So erhält er ohne langes Hin und Her diesen Posten.

Reise von der Goldmine Chungamayo nach Araca

Schon im März des Jahres 1915 – noch vor der Besteigung des Illimani – ist er zum ersten Mal auf dem Weg von Chungamayo nach Araca. Dort erwartet ihn eine rauhe, kahle Hochebene, deren einzige Vegetation aus hohem, harten und braunen Gras besteht, mit dem zum Teil auch die Indianerhütten gedeckt sind. Die flachen, einstöckigen Häuser ducken sich in ein Tal, das von drei Seiten von Bergen umgeben ist, die östlichen ständig schneebedeckt.

Weiter bergauf liegt das dazugehörige Bergwerk "Viloco", wo die meisten Minenarbeiter, die Mineros, mit ihren Familien wohnen, zu der Zeit etwa 800. Es sind Indianer vom Volk der Aymara, ein Volk, das früher eine ähnliche Bedeutung wie das der Inka hatte.

Neben den Minenarbeitern sind die meisten Angestellten, Handwerker und Kaufleute, Mestizen – Nachkommen von Spaniern und Indianern. So ist Eduard zusammen mit Herrn Remé, den er schon hier antrifft, der einzige Europäer. Als Remé nach Jahren der guten und vertrauensvollen Zusammenarbeit die Mine verlässt, holt Ed sich Eugen Bengel, seinen Freund seit der Illimani-Besteigung, nach Araca. Mit Remé verbindet ihn weiterhin eine Freundschaft.

Er weiß bald, dass er hier die ihm gemäße interessante Arbeit gefunden hat. Am besten beschreibt das der Sohn von Freunden aus La Paz, Gerhard Kyllmann, der oft Gast auf der Mine war und ihn bewunderte:

"Seine stattliche, fast 2 Meter hohe Gestalt überragte die meisten Menschen, zumal die Indios. Aus einem offenen, von Schmissen zerhackten Gesicht leuchteten lachende Augen. Unser Nachbar, Andreas Trepp, übertrug ihm die Leitung seiner Zinnmine in Araca. Don Eduardo besaß eine ihm angeborene Begabung der Menschenführung. Es fiel ihm leicht, mit den Indios umzugehen und die Mine auszubauen. Ihre guten Erzgänge und der anhaltend große Bedarf an Zinn sicherten ihm den dauernden Erfolg."[4]

Araca, Blick nach Osten

Quimsa Cruz, Kordilleren

Aymara Indianer

Aufsicht der Arbeit
vor der Mine

Das Bergwerk in Araca.
Foto aus dem Buch
von Colin Ross

Besuch in Araca

Vorne das Ingenio, hinten das Wohnhaus

Indianer in
traditioneller Tracht

Frauen der Aymara Indianer

Aymara Indianer

Frau in Festtagskleidung

Indianerpaar

Mit Zinn beladene Lamaherde auf dem Weg nach La Paz

Sich wiederfinden

Abschied von Osorno

Während Ed in Araca dauerhaft Arbeit und Heimat gefunden hat, steht Elisabeth in Osorno vor einer ungewissen Zukunft. Ihr Vierjahresvertrag mit der Schule ist am Ende des Schuljahres 1917 abgelaufen, aber sie will keinen neuen Vertrag für vier Jahre mit der Schule abschließen, da sie so schnell als möglich in die Heimat zurück möchte. Aber noch wütet dort dieser schreckliche Krieg. Also, was tun? So reift in ihr allmählich der Plan, in die USA überzusiedeln, um ihre Großmutter dort wiederzusehen und in ihrer Nähe zu arbeiten. Aber dieser Traum platzt leider sehr schnell: Für eine Deutsche ist es unmöglich, in Amerika eine Arbeitserlaubnis zu bekommen. So bleibt sie zunächst einmal ein Jahr länger als geplant in Osorno und sucht sich in der Zeit eine neue, unbefristete Arbeitsstelle. Das Zeugnis, das ihr bei ihrem Abschied ihr Schulleiter ausstellt, sagt am besten alles Wesentliche über ihre Jahre dort und über ihre Zukunftspläne:

"Instituto Aleman, Osorno
Zeugnis für Fräulein Elisabeth Lauenstein.
Fräulein Lauenstein war während 5 Jahren (1914–1918) Lehrerin an unserer Schule und unterrichtete dort vorzugsweise im Französischen, im Turnen und in Handarbeit. Sie hat es von Anfang an verstanden, sich in die neuen schwierigen Verhältnisse einzuleben, und es muß besonders hervorgehoben werden, daß sie schon gleich am Schlusse des 1. Schuljahres ihre französische Klasse wohlvorbereitet der staatlichen Prüfungskommission zur Ablegung der Humanitätsprüfung vorführen konnte. Die Unterrichtssprache war dabei spanisch-französisch. Diesen Erfolg verdankte sie ihrem unterrichtlichen Fleiß, ihrer Treue und ihrer Gewissenhaftigkeit, Eigenschaften, die während der 5 Jahre immer dieselben blieben. Sie verstand,

gute Disziplin zu halten, und doch erreichte sie dieselbe auf dem Weg der Güte und Liebe, sodaß die Kinder mit großer Zuneigung an ihr hingen.

Von allen Lehrerinnen, die ich in meiner nunmehr 12jährigen Dienstzeit an der hiesigen deutschen Schule im Lehrerkollegium hatte, war sie bei weitem die beste.

Mit dem Jahr 1917 ging ihre kontraktliche Dienstzeit zu Ende. Sie blieb ein Jahr länger an unserer Schule, da während der Kriegszeit ein Ersatz nicht zu erhalten war. Da sie der alten Heimat zustrebte, wo ihrer die schwer erkrankte Mutter mit Sehnsucht entgegensah, wollte sie keinen neuen Kontrakt mehr eingehen. Die Überfahrtsmöglichkeit war aber noch nicht gegeben, wie sich später herausstellte, sodaß sich Frl. Lauenstein für das Jahr 1919 an die neugegründete Schule in Antofagasta verpflichtete.

Mit großem Bedauern sah die Schulleitung Frl. Lauenstein scheiden. Sie hatte es in den 5 Jahren ihrer Tätigkeit verstanden, sich das Vertrauen ihrer Vorgesetzten, die Liebe und Zuneigung ihrer Schüler und die Wertschätzung der Schulgemeinde zu erwerben.

Auf ihrem ferneren Lebensweg wünscht ihr der Vorstand der Deutschen Schulgemeinde reichen Segen und Erfolg.

Der Vorstand der Deutschen Schulgemeinde
i.A. Otto Urban – Direktor"

Neubeginn in Antofagasta/Chile

Anfang März 1919 verlässt Elisabeth Osorno und erreicht nach fünftägiger Schiffsreise Antofagasta im Norden Chiles, vom 40. Breitengrad bis zum südlichen Wendekreis. Hier kommt sie in eine freundliche Landschaft und in ein "wunderbares Klima", wie sie schreibt. Weiter schreibt sie in einem ihrer ersten Briefe an ihre Mutter: "So groß manchmal meine Sehnsucht nach den vergangenen Tagen ist, möchte ich doch am liebsten nie wieder hin." Und in einem späteren Brief: "Ich bin so froh, daß ich hier nicht im Regen sitze, sondern jeden Tag die Sonne sehe. Ich glaube, wenn das Klima und die ganze Umgebung nicht so trostlos gewesen wäre, hätte ich in Osorno nicht so zu verzweifeln brauchen. Es läßt sich alles leichter ertragen, wenn man nicht immer friert und wo man, wenn man sich einsam fühlt, einen Platz weiß, wo man wieder Mensch wird wie hier am Meer."
Antofagasta liegt am Pazifik und dahin flieht Elisabeth in trüben Stunden. Aber im Großen und Ganzen fühlt sich Elisabeth in der neuen Heimat bald zu Hause. Da die deutsche Schule erst eingerichtet wird, wohnt die neue Lehrerin zuerst ein paar Tage im Hotel, dann vier Wochen in einer Pension, bis sie mit Schulbeginn ihre endgültige Wohnung beziehen kann.
"Ich habe ein Zimmer in der Schule, esse mittags auswärts und abends allein oder mit Frau Köppen. Die Schule ist klein, ich bin die einzige Lehrerin, habe 8 Kinder in 2 Klassen. Frau Köppen ist Kindergärtnerin und wohnt auch in der Schule. Diese ist ein einstöckiges Haus, natürlich mit dicken Eisengittern vor den Fenstern, wie das bei den Spaniern Mode ist." Bald sind die ersten Kontakte geknüpft. Beim Essen in der Pension "sind ein paar nette Deutsche zusammen." Das Wichtigste aber wird "die [räumliche; C.M.] Nähe zu Frau Köppen". Zwischen den beiden entwickelt sich eine gute und dauerhafte Freundschaft. Die zwei Frauen werden viel eingeladen und können gemeinsam Besuch bei sich empfangen.

Elisabeth vor Schule, Kindergarten und Wohnungen

"Es ist doch sehr nett, wenn man nicht nur Einladungen annimmt, sondern auch mal Gäste bei sich haben kann."
"Sonnabend war ich bei einer deutschen Familie eingeladen,
wo ich als einzige unverheiratete Dame beinahe als Wunder
angestaunt wurde. Hier gibt es unendlich viele Junggesellen,
und ich glaube, einige Damen möchten die oder mich gern
unglücklich machen. Ein Herr sagte mir, Antofagasta sei vor
einigen Jahren noch so ein trostloses Nest gewesen, daß man
keine Frau hätte herbringen können."
Alles scheint einfacher und unkomplizierter zu sein als in
Osorno. Wahrscheinlich ist nicht nur die Stadt überschaubar,
sondern auch die Gemeinschaft der Deutschen und fast etwas
familiär. Elisabeth ist in diese enger eingebunden. "Gestern
war wieder ein netter Sonntag. Eine Stunde am Meer gelegen,
dann nach Tisch eine wunderschöne Autofahrt tief in die Berge hinein. Wenn ich dann nach Hause komme, empfinde ich
gar nicht, daß der Sonntagnachmittag öde ist, ich lege mich
einfach aufs Bett und lese." Wenn sie dann trotzdem hin und

wieder das Heimweh überfällt, spielt sie Klavier. "Meine Freude ist ein altes Klavier, das ich mir gemietet habe. Ich hatte solches Verlangen nach dem Spielen, daß ich an nichts anderes mehr denken konnte. Jetzt übe ich täglich, und es gibt Stunden, wo ich alles vergesse und glaube, ich sitze in Osorno und mein Lehrer neben mir. Und wenn ich meine, alles nicht mehr ertragen zu können, spiele ich solange, bis ich mich innerlich ausgetobt habe. Als ich heute auf die Uhr sah, hatte ich 1½ Stunden gespielt, ohne es zu merken."

Eine Geschäftsreise nach Antofagasta

Die ersten Monate sind vergangen, es ist Juli geworden. "Noch haben wir dicken Winter, wenn ½ 6 Uhr die Sonne verschwindet, wenn man eben noch im schönsten Sonnenschein gesessen hat!" Ein Winter, der fast wie ein deutscher Sommer ist. Und der bringt den Tag, der Elisabeths Leben grundlegend verändern wird – plötzlich steht ihr Reisegefährte vom Schiff vor ihrer Tür. Nie hat sie damit gerechnet, ihn je wiederzusehen.

In den Jahren, die für Elisabeth oft schwer und voller Heimweh waren, hat Ed in Araca eine ihn ganz erfüllende und so erfolgreiche Arbeit geleistet, dass er schon bald zum Direktor der Mine "Ingenio San José 2" ernannt wurde, mit offiziellem Namen "Empresa de Estaño de Araca", kurz E.E.A., mit Hauptsitz in Santiago/Chile. Als solcher hat Ed gelegentlich Geschäftsreisen zu machen, die ihn unter anderem auch hin und wieder nach Chile geführt haben. So reist er im Juli 1919 nach Antofagasta. Nach Erledigung seiner Geschäfte dort geht er am Abend vor seiner Abreise wie immer in den deutschen Klub. Hier – wie wohl überall auf der Welt – drehen sich die Gespräche erst einmal um den neuesten Stadtklatsch. Und nun fällt auch der Name der neuen deutschen, allgemein beliebten Lehrerin: Fräulein Lauenstein! Ed horcht auf, fragt nach und weiß sehr bald, dass es sich tatsächlich um seine alte Freundin aus längst vergangenen Zeiten handelt.

Ohne Zögern verschiebt Ed seine Reise und sucht sie auf. Tausende Kilometer haben zwischen ihnen gelegen, nie haben sie voneinander gehört. Und nun dieser Zufall! – Sie verbringen ein paar schöne Tage miteinander, und als Ed dann abreist, ist für beide nichts mehr wie vorher.

Die Plaza in Antofagasta

Nichts ist mehr so, wie es vorher war

Elisabeth schildert ihre Empfindungen im Brief an ihre Schwester: "Overlack war für mich das verkörperte Deutschland. Er war wie eine Brücke von mir zu Euch, das macht mich so froh. Ich verstehe selbst nicht, wie man 5½ Jahre einfach so versenken kann. Wie war doch die Schiffsreise so schön und sorglos." Elisabeth hat neuen Mut geschöpft und neue Lebenslust gewonnen. "Und das nur, weil mir ein Hauch aus Deutschland entgegengekommen ist, und ich wieder hoffen kann. Das ist grade das Nette an Overlack, daß er so selbstverständlich mit uns zusammen war [d.h. dass Frau Köppen mit von der Partie war; C.M.], daß man glaubte, einem Bruder gegenüber zu sitzen, mit dem man sich unterhalten konnte, ohne gleich an Liebe zu denken, umso mehr, da ich weiß, daß er in Deutschland eine alte Liebe hat."

Sie spekuliert über Liebe, um sie gleichzeitig auszuschließen. Dabei kreisen ihre Gedanken seit dem Wiedersehen mit dem Freund ständig um diesen gutaussehenden, eleganten Mann, der so viel gute Laune um sich verbreitet. Zur eigenen Absicherung gibt sie das ihrer Schwester auch noch schriftlich: "Du brauchst keine Angst zu haben, daß ich nochmal die Dummheit mache und mich verlobe. Das schreibe ich Mutter zur Beruhigung, damit sie weiß, daß ich bestimmt komme und allein."

Wenn sie besonders betont, dass sie allein kommen wird, heißt das doch, dass sie immerhin mit dem Gedanken gespielt hat, diese Reise zusammen mit dem Freund zu machen, der ja auch so bald als möglich die Heimat besuchen will.

Völlig neu ist die Information, dass sie sich in Osorno mal verlobt, und offensichtlich bald wieder "entlobt" hatte. Bei diesem ehemaligen Verlobten kann es sich nur um Koksch gehandelt haben, zu dem die Verbindung nie abgerissen ist. Einer seiner letzten Briefe stammt aus dem Jahr 1975, als sie längst verwitwet ist und im Altenheim lebt. Darin spricht er von einem Spaziergang: "... dem Weg, den ich so oft als Junggeselle gegangen bin, als ich Dich verloren hatte." Noch deutlicher zeigt es seine Unterschrift: "Mit fröhlichen Grüßen Dein Viejo verde Max." Was soviel heißt wie: "Dein alter Lustmolch." Da war er 87 Jahre alt! –

Während Elisabeth unter dem Eindruck des unerwarteten Wiedersehens mit "Overlack" den Brief an ihre Schwester schreibt und versucht, Ordnung in ihre in Unordnung gebrachten Gefühle zu bringen, ist Ed auf dem Heimweg: 36 Stunden Zugfahrt nach La Paz und nach Erledigung seiner Geschäfte dort nochmals drei Tage – davon zwei Tage auf dem Pferd – bis Araca. Viel Zeit für ihn, über die Tage in Antofagasta nachzudenken. Und auch er muss seine Gefühle sortieren. Am Arbeitsplatz wartet nach seiner Abwesenheit eine Menge Arbeit auf ihn.

Zwei Heiratsanträge

Dann setzt er sich hin und schreibt an Elisabeth, denn nun ist er sich vollkommen klar über seine Wünsche. So macht er seiner Auserwählten einen schriftlichen Heiratsantrag. Er muss sich in Geduld üben, denn bei den gegebenen Postwegen dauert es an die drei Wochen, bis er ihre Antwort in Händen hält. Und die lautet: "Nein." Elisabeths Sehnsucht nach der Heimat ist stärker als jedes andere Gefühl.

Im nur teilweise erhaltenen Brief begründet sie ihre Absage: "Was ich drüben will, weiß ich nicht. Ich habe Heimweh gehabt nach jedem Fleckchen Erde und sehne mich danach, zu Hause zu sein, mal wieder am eigenen Tisch zu sitzen und nicht immer bei fremden Menschen, mal wieder durch den frischen Buchenwald zu wandern und mit Menschen zusammenzusein, zu denen man gehört, meine Mutter wiederzusehn, die auf mich wartet. Ob ich mich wieder zurechtfinden werde, weiß ich noch nicht. Ich weiß nur, ich muß hinüber, ich kann nicht hierbleiben, selbst wenn ich wollte." Und dann schreibt sie dem Freund, was sie sicher noch niemandem anvertraut hat:

"Weißt Du, ich habe früher voll Stolz und Selbstbewußtsein mein Schicksal selbst in die Hand nehmen wollen. Ich habe gedacht, daß mein Wille und der Glaube an meine eigene Kraft so stark wären, mir das Leben zu formen, aber ich bin ganz erbärmlich zusammengebrochen und lasse mich jetzt nur noch treiben, ohne an die Zukunft zu denken." Der Brief schließt mit dem Satz: "Ich freue mich, daß wir das 'Du' erneuert haben, man hat so ein selbstverständliches Gefühl der alten Freundschaft dadurch, und ich grüße Dich herzlich, mein lieber Edi, Elisabeth."

Zur Erinnerung an den sonnigen Sonntag im schönen Antofagasta

In dem Moment, als sie glaubt, gescheitert zu sein, zeigt sich der ihr bestimmte Weg. Sie sieht ihn nur noch nicht. Da mit dem Ende des Jahres ihr Vertrag mit der Schule ausläuft, plant sie intensiv ihre Heimreise: "Wenn ich Anfang Januar abreise, kann ich Mitte Februar in Amsterdam sein. Es ist dann ja recht kalt bei Euch. Hoffentlich gibt es bis dahin wieder Kohle, daß man nicht verfrieren muß, wenn man aus diesem warmen Klima kommt."

Aber im Winter 1919/20 gibt es weder Kohle noch genug zu essen in Deutschland. Die Bevölkerung leidet entsetzlich unter den Folgen des verlorenen Krieges und den Reparationszahlungen an die Siegermächte. Die Zustände werden immer unerträglicher, zudem verliert auch die deutsche Mark ständig an Wert. Dann erreicht Elisabeth Mitte Oktober ein Brief ihrer Mutter mit der Bitte, aus diesem Grund nicht vor dem Frühjahr zu kommen. Was sie eigentlich schon weiß, muss sie jetzt akzeptieren: "Wenn Du es selber schreibst, werde ich Deinem Rat folgen."

Nun stellt sich die Frage: Was tun? Mit Beginn des neuen Jahres hat sie keine Arbeit, keinen Verdienst und wahrscheinlich auch keine Wohnung, denn ihr Zimmer in der Schule wird sie für ihre Nachfolgerin räumen müssen. Damit wird ihr Plan, den sie schon lange im Hinterkopf hatte, konkret. Sie wird in die USA gehen. Zwar ist ihre Großmutter vor kurzem gestorben, aber in Springfield lebt noch deren Sohn, der Bruder ihrer Mutter, Onkel Ernst mit seiner Familie. Dort kann sie sich mit ihrer Mutter treffen. Sie schreibt nach Deutschland: "Mir ist es ein schrecklicher Gedanke, daß Du in diesem Winter diese schreckliche Not noch einmal mitmachen mußt. Setz Dich erst mal fest hin und überlege mal, ob es nicht möglich ist, daß Du sofort, d.h. mit dem nächsten Dampfer nach New York gondelst, und wir so unsere alten Pläne verwirklichen. Dieser Gedanke ist von mir wohlüberlegt und scheint mir sehr annehmbar." Elisabeth hat wirklich alles bis ins Kleinste durchdacht und macht sehr genaue Vorschläge, auch mit den Verwandten in Springfield hat sie deswegen schon korrespondiert.

Elisabeth nimmt also voller Eifer ihr Schicksal in die Hand. Aber das hat die Weichen schon anders gestellt. – Als Elisabeth am 26. Oktober 1919 diesen Brief an ihre Mutter schreibt, ist Ed schon auf dem Weg zu ihr, um seinen Heiratsantrag mündlich zu wiederholen. Da er zusammen mit seinem Eheversprechen die baldige gemeinsame Reise nach Deutschland verspricht, steht ihrem "Ja" nichts mehr im Weg.

Eben drei Wochen, nachdem sie ihrer Mutter detaillierte Reisevorschläge gemacht hatte, ist davon jetzt nicht mehr die Rede. – Im einzigen erhaltenen Brief aus dieser Zeit, der an Ed gerichtet ist, schreibt sie: "Jetzt spitzen sich hier alle darauf, daß Du kommst. Frau E. sagte so ganz nebenbei, ihr Haus wäre ja groß genug zum Feiern. Sie möchten alle zu gern mal ein bißchen feiern, und für T. war es selbstverständlich, daß er eingeladen würde. Na, da haben sie sich eben getäuscht, denn ich habe ihnen noch nicht gesagt, daß sich unsere Pläne inzwischen geändert haben."

Verlobung in Antofagasta

Das heißt, es steht fest, dass sie heiraten wollen und zwar schon bald und nicht, wie zuerst vorgesehen, in Antofagasta, sondern in La Paz. Bis dahin ist unendlich viel zu erledigen. Da mit Beginn der Weihnachtsferien nicht nur das Schuljahr beendet ist, sondern auch ihr Arbeitsvertrag, heißt es nun packen und Abschiedsbesuche machen. Sie wird viel eingeladen und hat viel zu erledigen. Aber ihre Gedanken sind bei dem Leben, das sie nun erwartet. "Wie geht es in der Grube? Ich freue mich mächtig darauf, den ganzen Betrieb kennenzulernen!" Für Elisabeth ist der Tag des Abschieds von ihrem alten Leben gekommen – ein neues Leben beginnt.

Hochzeit in La Paz und Drei-Tage-Reise zur Mine

Es ist Mitte Dezember 1919, als sie eines Abends den Zug nach La Paz besteigt. Eine lange Fahrt liegt vor ihr, denn erst am übernächsten Tag wird sie dort ankommen. Der Zug fährt von dem sommerlich heißen Antofagasta auf eine Höhe von 4.000 Meter. Er passiert die chilenisch-bolivianische Grenze, fährt endlose Stunden über die eintönige Hochebene entlang der weißen Salpeterseen, bis er endlich Uyuni erreicht, einen damals wichtigen Eisenbahnknotenpunkt. Bis hierher will ihr Ed entgegenkommen.
Erwartungsvoll steht Elisabeth am Fenster – sie kann ihn nicht entdecken! Der Bahnsteig leert sich, der Zug fährt ab – kein Ed! Ein abgrundtiefer Schreck überfällt sie: Er hat sie sitzengelassen! War sie einem Heiratsschwindler auf den Leim gegangen? Was wusste sie wirklich von ihm? Nur das, was er ihr selbst erzählt hatte! Und war er nicht schon damals auf dem Schiff eigentlich etwas leichtsinnig gewesen? Ihre Gedanken überschlagen sich. – Da wird die Abteiltür aufgerissen und ein atemloser Ed fällt in die Polster. Und Elisabeth? Ihre ganze Angst und Erleichterung äußert sich in der Frage: "Willst Du 'nen Kognak?" Nicht nur, dass sie weiß, was er jetzt braucht,

sie hat auch einen bei sich. Was war passiert? Als der Zug ein-
lief, stand der erwartungsvolle Bräutigam auf der falschen Seite der Gleise. Es blieb ihm nichts anderes übrig, als die endlos
lange Wagenkette entlang zu laufen, um das Zugende herum,
um im letzten Moment den letzten Waggon zu erwischen.
Dann lief er innen, die Abteiltüren aufreißend, den Gang entlang, bis er endlich angekommen war.

Hochzeit in La Paz

Am 22. Dezember wird in La Paz geheiratet, "nur" standes-
amtlich, denn weder hier noch in Antofagasta gibt es zu der
Zeit eine evangelische Kirche, nur eine katholische. Aber eine
katholische Trauung widerstrebte ihnen doch zu sehr. So wird
auch ohne kirchlichen Segen aus dem Fräulein Lauenstein

eine Frau Overlack. Ein bisschen traurig ist es schon, dabei auf die Gegenwart ihrer Mutter verzichten zu müssen. Und sie hat der gegenüber ein etwas schlechtes Gewissen, hatte sie ihr doch gerade zwei Monate vorher konkrete und detaillierte Pläne unterbreitet für ein gemeinsames Treffen in den USA. So schreibt sie ihr am Tag vor der Abreise aus dem Hotel "Gran Paris": "Ich fürchte, daß Du mir sehr böse bist, aber ich weiß, daß ich nicht anders handeln konnte." Und sie schließt den Brief: "Bitte, liebste Mutter, schreib mir bald, ich warte mit großer Sehnsucht auf ein liebes Wort von Dir."

Weihnachten feiert das junge Paar bei Freunden von Ed, und nach Erledigung aller Angelegenheiten geht es auf den letzten und beschwerlichsten Teil der Reise: Drei Tage sind sie unterwegs, wovon der erste vergleichsweise gemütlich verläuft: Nach vier bis fünf Stunden Bahnfahrt nochmals einige Stunden mit dem Auto und die erste Übernachtung. Dann heißt es: Zwei Tage reiten!

Elisabeth schreibt: "Am 1. Abend war ich so todmüde, daß ich mich bei dem Schuster, wo wir die Nacht blieben, auf die erste Bank legte und eine Stunde schlief. Der 3. Tag war der schlimmste. Morgens um 6½ Uhr ging es los, und abends um 5½ Uhr waren wir hier. Gleich am Anfang stürzte mein Maultier, da es im Schlamm versank, und da ich merkte, daß es nicht aufstehen konnte, warf ich mich ab und war nun naß und dreckig. Wir ritten stundenlang im Flußbett zwischen hohen Bergen.

Der Fluß teilt sich in 5–8 Arme, die man wohl hundertmal durchreiten mußte, denn das Flußbett ist sehr breit und steinig. Zum Teil war das Wasser so hoch und reißend, daß die Maultiere von der rasenden Strömung abgetrieben wurden, und oft bedeckte das Wasser die Stiefel. Anfangs fand ich es sogar ganz amüsant, aber nachher sagte mir Ed, daß er große Angst ausgestanden hätte, da so leicht etwas hätte passieren können. Schön war dann der Aufstieg. Im Lauf von etwa zwei Stunden kletterten die Tiere wohl 2.000 m hoch. Ein schmaler

Weg war an den Berghang gehauen und man hatte immer einen wunderbaren Blick ins Tal, das immer kleiner wurde.
Selbst wenn die Mulas dicht am Abhang entlanggehen, hat man durchaus keine Angst. Diese Hochgebirgslandschaft ist unbeschreiblich schön, so etwas Imposantes gibt es in Deutschland gar nicht. Als wir auf der Höhe ankamen, lagen die Schneekordilleren vor uns. Nun begann der langweiligste Teil. Ich war müde und wußte doch, daß ich noch 3 Stunden im Sattel sitzen mußte, obgleich ich vor Schmerzen jeden Knochen fühlte. Immer wieder ging es bergauf und bergab, und immer, wenn ich glaubte, wir wären da, kam wieder ein neuer Hügel. Dazu hatte ein schneidender Wind und Regen eingesetzt.

Araca, Blick nach Westen

Wie schön war es da, zu Hause anzukommen, wo ein warmes Zimmer und ein gutes Essen warteten."
"Wir haben ein kleines Haus: Eßzimmer, 2 Wohnzimmer, Schlafzimmer, Bad etc. Ed hat alles gemütlich eingerichtet,

Araca, Blick nach Westen, vorne das Wohnhaus

soweit das bei den primitiven Mitteln überhaupt möglich ist. Man kann es sich kaum bequemer wünschen. Überall ist elektrisches Licht, und abends wird alles hell erleuchtet, und in jedem Zimmer elektrische Öfen und Kocher, denn Strom ist hier kostenlos."

Elisabeth hat im Haushalt ein Indianermädchen zur Hilfe, das aber wenig von der Arbeit versteht und angelernt werden muss. Und für die Küche ist Feliciano, der Indianerkoch, zuständig, der schon lange bei Ed arbeitet, "... und er macht seine Sache so gut, daß ich mich kaum in die Küche wage". Kein Wunder, denn sie weiß, wie wichtig für Ed sein Koch ist. Später behauptet sie sogar, er habe gesagt, er wolle schließlich in Zukunft nicht schlechter essen als bisher.

Zunächst ist sie froh, dass ihr das tägliche Kochen-Müssen erspart bleibt. "So bald werde ich mich nicht langweilen, denn es gibt genug für mich zu tun, und alle Augenblicke kommt Ed

aus der Oficina – dem Büro. Dann soll ich mit ihm gehen und dies und das ansehen. Er hat so rührend für alles gesorgt, und ich habe mich schnell an das Verheiratet-Sein gewöhnt."
Einfacher lässt sich vergangene Einsamkeit und gewonnenes Glück kaum beschreiben, deutlicher wird es in einem Gedicht, das sich in Elisabeths Tagebuch findet:

"... Du bist alles, was ich habe,
was ich will und was ich weiß!
Dich sehen
ist: die Heimat haben,
Dich sehen
ist: zu Hause sein!
Alle Sehnsucht ist begraben,
alle Wünsche schlummern ein!
Und ich weiß nichts mehr von draußen,
weiß nichts mehr von Müh und Plag,
und wie einsam es gewesen
und wie freudlos jeder Tag ...
... Dich sehen ist: die Heimat haben,
Dich sehen ist: zu Hause sein!"[5]

Zuhause in Araca

75

Das Esszimmer

Elisabeth ist nach Hause gekommen! Hatte sie nicht einmal geschrieben, ohne Wald und Wiesen auf die Dauer nicht leben zu können? Hier gibt es nicht einmal das geringste Grün! Und war sie nicht froh gewesen, der Kälte und dem vielen Regen in Osorno den Rücken kehren zu können? Hier gibt es beides im Übermaß! Und doch: Elisabeth friert nicht mehr!

Ed und Li

Zu Hause in Araca

Fast zwei Monate schon lebt Elisabeth in Araca, als ihr einfällt, dass sie ihrer Mutter noch nichts von Eds Familie erzählt hat. Sie kann ja nicht wissen, dass die beiden Mütter längst Kontakt geknüpft haben, wie ein Brief vom 9. Januar 1920 zeigt. Da schreibt Frau Overlack an die

"Sehr geehrte Frau Pastor.

Ein Brief meines Sohnes Eduard aus La Paz überraschte uns vollständig mit der Nachricht, daß er sich am 22.12.1919 mit ihrem Fräulein Tochter verheiratet hat. Meines Sohnes Liebe zu seiner Familie, seine guten Charaktereigenschaften und nicht zuletzt die Wahl einer deutschen Pfarrerstochter geben uns wohl die Gewißheit, daß er gut gewählt hat. Beide haben ernste und schwere Zeiten durchlebt, sodaß sie das Glück, das wir für sie erbitten, wohlverdient haben. Unser reicher Segen soll sie begleiten. Wir hatten bestimmt damit gerechnet, unser Sohn würde uns im Frühjahr besuchen. Wie sehr wir uns nach sechsjähriger Trennung auf dieses Wiedersehen freuten, wissen Sie, gnädige Frau, selbst. Wir wollen aber gern dieses Wiedersehn hinausschieben, nun wir wissen, er ist nicht mehr allein, eine treue Lebens-Gefährtin steht ihm zur Seite. Hoffen wir beide, daß unsere Kinder mit diesem Schritt ihr Glück besiegelt haben, daß sie jetzt noch einige glückliche Jahre drüben verleben und uns dann ein frohes Wiedersehen beschieden ist. Wir würden uns sehr freuen, bald Ihre Ansicht, vor allem Näheres über Elisabeth, zu hören und bin mit hochachtungsvollen Grüßen

Ihre Frau Ed Overlack

Hindenburgstr. 52"

Der Wunsch, einander kennenzulernen und mehr übereinander zu erfahren, lässt Elisabeths Mutter schon im Sommer der Einladung aus Krefeld Folge leisten und dorthin reisen. Es war sicher ein von allen Seiten mit Spannung erwarteter Besuch, der dann überaus glücklich verläuft. Mutter Overlack schreibt an ihren Sohn, er sei mit der Wahl seiner Schwiegermutter sehr vorsichtig gewesen, und auch Schwester Martha meint, solch eine Schwiegermutter wünsche sie sich auch, denn sie passe wirklich gut zu ihnen.

Dem Gast werden die wichtigsten Sehenswürdigkeiten der Umgebung gezeigt. So fahren sie mit der Zahnradbahn auf den Drachenfels und stehen voll Bewunderung im Kölner Dom. Als Mutter Lauenstein abreist, ist der Grund gelegt für eine lebenslange gute Beziehung.

Elisabeth im fernen Bolivien ist glücklich und erleichtert über all diese positiven Berichte. Sie schreibt an ihre Mutter: "Ich glaubte nicht, daß Du Dich mit den Krefeldern so gut verstehen würdest. Wohl konnte ich mir denken, daß sie Dir sehr entgegenkommen würden. Aber wir beide haben es ja etwas schwer und werden nicht so leicht mit anderen warm."

Ausritt

In einer fremden Welt

Nun, mit diesem Problem muss sie sich hier oben gar nicht erst auseinandersetzen, denn Eds einzige deutsche Mitarbeiter, Herr Asch und Herr Bengel, sind Junggesellen, und so ist Elisabeth weit und breit die einzige europäische Frau. Eugen Bengel ist von Ed als Administrado – wirtschaftlicher Leiter – auf die Mine geholt worden. Er ist ihm ein verlässlicher und guter Freund und wird es jetzt auch für Elisabeth. Sie verbringen viel freie Zeit miteinander, beim Kartenspiel oder bei Ausflügen in die Umgebung.

Laguna Blanca

Einen besonders schönen beschreibt sie in einem Brief: "Hier hat ein ganz anderes Leben angefangen, seit es nicht mehr regnet. Letzten Sonntag waren schon um ½ 2 Uhr die Mulas gesattelt, und wir waren zu dritt den ganzen Nachmittag unterwegs. Unser Ziel war ein kleiner See, 1½ Stunden von hier. Er ist von 3 Seiten von hohen Felsen eingeschlossen, die 4. offene Seite bildet eine grüne Wiese im Sonnenschein, übersät von unendlich vielen Blumen, die aber nur eben aus dem Boden hervorgucken. Ed, als leidenschaftlicher Jäger, hatte natürlich sein Gewehr mit und hat Enten, Gänse und Viscachas – so heißen die hiesigen Hasen – geschossen, mir als Abwechslung für die Küche immer sehr lieb. Die Sonne verschwand schon hinter dem Berg, als wir aufbrachen, und um nicht in die Dunkelheit zu kommen, mußten wir scharfen Trab über Stümpfe und Steine reiten. Die Gegend ist ja im Großen und Ganzen sehr eintönig, aber diese Abendstimmung war wundervoll. Wir ritten auf schmalem Pfad am Abhang und konnten die ganze Gegend übersehen: Da tauchte eine Bergkette hinter der anderen auf, bis als letztes, wie ein Strich, die Hochebene von Bolivien sich scharf vom Horizont abschnitt, und vor uns, alles überragend, in einsamer Größe, der Illimani. Der Himmel ist so groß und die Welt so unendlich weit, und als einzige Lebewesen, so weit man sehen kann, wir 3 Reiter. Da kommt man sich vor wie ein König."

Indianerin mit Kind · Indianerjungen

Lamatreiber beim Essenkochen

Und wie der König von Araca kommt ihr Ed tatsächlich manchmal vor. Er hat das Sagen und die Entscheidungsgewalt, er ist der anerkannte und gerechte Patron. Ein Ereignis lässt das besonders deutlich werden: Vorm Oficio drängt sich lärmend die aufgebrachte Arbeiterschaft, die mit Drohgebärden ihre Anliegen vorbringt. Alle Mitarbeiter verkriechen sich ängstlich hinter die schützenden Wände im Haus. "Da tritt Ed heraus, einen Kopf größer als die Indios, aber doch allein gegen den ganzen Haufen. Mit Donnerstimme legt er los, halb auf Spanisch, halb auf Aymara, und in 2 Minuten ist der Platz leer. Am nächsten Morgen sagt er nur: 'Sie haben ja recht', und erfüllt alle ihre Forderungen."

Ed hat keinerlei Hemmungen, bei Ärger am Arbeitsplatz so loszuschimpfen, dass es über die ganze Plaza bis zu Elisabeth hinüberschallt. Aber so schnell und heftig der Zorn kommt, so schnell geht er vorüber. "Er ist nie schlechter Laune, und wenn ich es manchmal bin, macht er so lange dumme Witze, bis ich mitlachen muß." Mit "dummen Witzen" hilft er sich auch gern über zu starke Gefühle hinweg. An seinem Geburtstag im Januar, dem ersten, den sie zusammen feiern, hat Elisabeth nichts, was sie ihm schenken könnte. So zündet sie ihm 29 Kerzen an, für jedes Lebensjahr eine. Wie bitter ist sie enttäuscht, als er darüber spottet und lacht. Erst viel später gesteht er ihr, dass das seine einzige Möglichkeit war, nicht in Tränen auszubrechen. Wie schön für beide wäre es gewesen, hätte er sich getraut zu weinen. –

Den größten Raum in Araca nimmt das "Ingenio" ein, in dem die hier wohnenden Indios arbeiten. Das Ingenio ist eine Mahl- und Schwemmanlage, in der auf sogenannten "Wackeltischen" das Zinn vom Stein getrennt wird. Gleich daneben befindet sich das "Oficio", das Büro. Der Mittelpunkt aber ist die Plaza, auf der sich das Leben abspielt, das hauptsächlich von den Indianern geprägt ist. Die Frauen mit ihren vielen Röcken, dem steifen, runden Hut und dem in ein Tuch gebundenen Baby auf dem Rücken; die Männer in Ponchos und, genau wie die Frauen, mit einer Wolldecke zum Schutz gegen die Kälte um die Schultern. Und überall die zahlreichen Kinder, ziemlich zerlumpt, meist barfuß und nicht eben sauber, aber wohlgenährt und unbekümmert. Die Plaza ist das Ziel der Lamaherden, die mit Waren für den täglichen Bedarf von La Paz kommen und mit Zinn beladen dorthin zurückkehren. Ist die Arbeit getan, hocken sich die Treiber auf den Boden, entzünden ein kleines Feuer aus getrocknetem Lamadung und kochen sich ihre Mahlzeit.

Beladene Mulas auf dem Marktplatz

Richtig lebendig und bunt ist es sonntags, da ist Zahltag und Markt: "Die Leute kommen von weit her gegangen, bis zu 10 Stunden zu Fuß, die Lasten auf Lamas oder Mulas. Die aus dem subtropischen Tal kommen, bringen neben den hiesigen Früchten auch Apfelsinen, Zitronen und Ananas mit und alles Gemüse, was man sich nur denken kann, denn hier oben wächst ja nichts. Am meisten stürzen sich die Frauen auf die Zwiebeln, ohne die sie nicht kochen können. Kürzlich wurden wir durch lautes Geschrei aus dem Haus geholt. Da standen 2 Reihen Frauen und bildeten eine Gasse vor der Haustür. Jede hatte einen Arm voll Zwiebeln, die sie einfach dem Händler weggenommen hatten, weil er sie zu teuer verkaufen wollte. Nun kamen sie und beschwerten sich bei Ed. Selbstverständlich ging er mit ihnen und verkaufte ihnen die Zwiebel anstelle des Händlers für einen vernünftigen Preis."

Elisabeth kauft auf dem Markt ein

Nicht nur Obst und Gemüse und alle anderen notwendigen Lebensmittel gibt es hier zu kaufen, sondern auch Stoffe und Garne, Anzüge und Ponchos, Röcke und Unterröcke, und alles für den Haushalt Notwendige. Der Markt ist bunt und vielfältig. Die Händler sitzen auf dem Boden, haben ihre Ware um sich ausgebreitet, während ihre Mulas und Lamas geduldig am Rand des Platzes stehen. Hier deckt auch Elisabeth ihren täglichen Bedarf und wird als Frau des Patron überall bevorzugt bedient. Und damit keiner hungrig den weiten Heimweg antreten muss, wird auf der Plaza für alle ein großer Topf Suppe gekocht und eine ordentliche Portion Fleisch gebraten. Neben all dem Notwendigen gibt es auch das Besondere. So findet einmal im Jahr der "Tag der kleinen Dinge" statt. Was es da nicht alles gibt. Nicht sattsehen kann man sich an all dem Alltäglichen in Puppenstuben-Größe: aus Kupfer Tassen und Teller, Dreifüße und Kochtöpfe, Kessel und Pfannen und vieles andere, aus Leder Sandalen und Schließkörbe bis hin zu naturgetreu nachgebildeten Booten aus Schilf, wie sie auf dem Titicacasee zu finden sind, usw. usw.!

Und noch etwas wirklich Besonderes gibt es auf jedem Markt: Silber! Einige Indios sind erstaunlich geschickte Handwerker, die neben Schmuck auch Gebrauchsgegenstände aus reinem Silber anbieten, verziert mit alten Mustern. Die Frauen sparen oft lange, bis sie die bei allen begehrten Ringe und Ohrringe erstehen können, die unverzichtbar sind zu ihren schönen Festtags-Kleidern. Auch Ed und Elisabeth legen sich eine Sammlung schöner Silbersachen an:

"So haben wir schon eine Suppenterrine und Kelle, eine große Obstschale und große und kleine Becher. Ed will jetzt gezielt noch einiges in Auftrag geben." All dies ist nicht etwa nur Dekoration, sondern wird täglich gebraucht. Vieles davon ist noch heute im Familienbesitz.

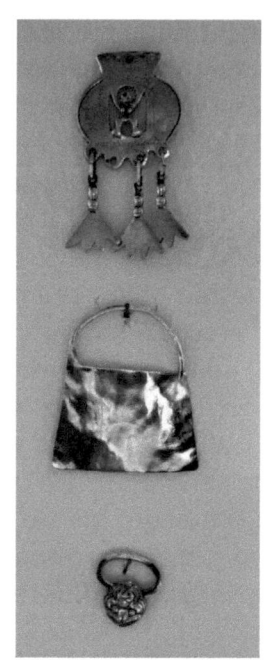

Silber aus Araca

Auch die großen Feste des Jahres werden hier auf der Plaza gefeiert, wie z.B. der Nationalfeiertag zu Ehren Bolivars, der am 6. August 1825 die Republik Bolivien begründet hatte. Elisabeth, die diesen Tag zum ersten Mal erlebt, beschreibt ihn so: "... da hatten sie abends vorher die Plaza mit Lampions schön erleuchtet und einen Altar des Vaterlandes aufgebaut. Es war sehr nett anzusehen, nur war natürlich am Festtag selber alles betrunken. Auch von unseren dienstbaren Geistern erschien einfach niemand."

In seinem ersten Brief an die "Sehr verehrte Frau Lauenstein", seine ihm unbekannte Schwiegermutter, schreibt Ed:

"Jetzt sind wir schon 6 Wochen in Araca, und ich schreibe Ihnen erst heute, weil ich abwarten wollte, ob sich Ihre Tochter hier oben gut einleben und wohlfühlen würde. Erfreulicherweise hat sich Li [so nennt er seine Frau; C.M.] sehr schnell und gut hier eingelebt, und ich glaube nicht zuviel zu sagen, wenn ich Ihnen versichere, daß sie sich sehr wohl fühlt und recht glücklich geworden ist. Selbstverständlich geht mein ganzes Bestreben dahin, meiner Frau das Leben hier oben so schön und lebenswert zu machen, ist es doch für eine junge Dame nicht gerade leicht, auf fast alle Geselligkeit zu verzichten und ihrem Mann in die Einsamkeit zu folgen."

Marktfest, mit Li in der Mitte

Auf "Geselligkeit" zu verzichten, fällt Elisabeth nicht besonders schwer, ist sie doch nicht mehr einsam. Schwerer auszuhalten ist die Kargheit der Landschaft und das wechselhafte Klima. Innerhalb kürzester Zeit schlägt das Wetter um von sommerlicher Wärme zu winterlicher Kälte. Hat man morgens im Sommerkleid gearbeitet, braucht man oft nachmittags einen Wintermantel. Und es regnet viel und ausdauernd.

Getreideernte in Tanapaca

Feldarbeit in Tanapaca

Allerheiligen, der Weg links führt zur Mine

Indianerfamilie

Ed und Li im Esszimmer in Tanapaca

Plaza mit Mulas

Tanapaca

Tanapaca wird als grüne Oase entdeckt

Ganz anders sieht es etwa 1.000 Meter tiefer gelegen aus. Im Südosten der Araca-Berge erstrecken sich die subtropischen und fruchtbaren "Yungas". Man braucht nur etwa eine Stunde abwärts zu reiten, und man kommt in eine andere Welt. Hier entdecken Ed und Elisabeth den kleinen Ort Tanapaca, wo es warm ist und windgeschützt – und grün!

Schon im Januar mieten sie sich ein Zimmer in einer Finca, das sie sich gemütlich einrichten: "Ed hat die Wand vollgenagelt mit Bildern von Göttingen und dem Wald, sodaß ich mich richtig heimisch fühle." Nach einem Ritt von nochmals einer dreiviertel Stunde bergab, kommen sie vollends in den Sommer: "Es war ein Blühen und Duften von Rosen, daß man gar nicht wieder fort mochte. Leider waren die Pfirsiche noch nicht reif, von denen es einen ganzen Wald gibt, dafür haben wir uns

Zitronen gepflückt und einen großen Rosenstrauß." Tanapaca wird den beiden zur zweiten Heimat. Bald schon erwerben sie ein eigenes Sommerhaus, das eine Veranda hat und einen wilden, üppigen Garten. Und immer, wenn es Eds Zeit erlaubt, ziehen sie sich hierher zurück.

Eds Arbeitsplatz ist nicht nur Araca mit Oficio und Ingenio, sondern ebenso das eine Reitstunde höher gelegene Bergwerk – Viloco. Außerdem ist er ein gefragter Experte, der zu Gutachten über andere Minen herangezogen wird. Die ganze Gegend ist reich an Zinn, aber Araca ist die größte und ertragreichste Mine. Einige werden von Nordamerikanern betrieben, die allgemein nicht sehr beliebt sind und nur die "Yankees" genannt werden. Außerdem wird ihnen unterstellt, nicht sonderlich viel von diesem Geschäft zu verstehen: "Die Yankees bezahlen enorme Summen, stecken Millionen hinein, und wir freuen uns nachher, wenn sie kein Zinn finden. Die nächste, etwa eine ½ Stunde von hier, wird der Araca Gesellschaft für etwa 60.000,– Bolivianos angeboten. Nach seinem Gutachten bot Ed 3.000,– Bs, da er behauptete, da wäre nichts zu finden. Die Yankees haben 9 Monate gearbeitet und sie dann liegen gelassen. Ed strahlte natürlich, weil er recht behalten hatte."

Feliciano, der Koch und gute Hausgeist

Auch Elisabeths Arbeitstag ist ausgefüllt. Nach und nach vergrößert sich ihr Haushalt. Zuerst bekommt sie ein kleines Treibhaus und ist glücklich, dass sie hier Blumen ziehen kann. Dann kommt ein Stall hinzu für Hühner, Enten und Tauben und schließlich sogar noch für ein Schwein, das gemästet wird. Längst ist auch die Küche nicht mehr tabu für sie, sondern sie wirtschaftet darin zusammen mit Feliciano – die deutsche Frau mit dem indianischen Koch –, und das funktioniert prächtig. Dieser ist zwar weiterhin zuständig für die täglichen Mahlzeiten, aber alles, was darüber hinausgeht, machen sie gemeinsam: Sie probieren und experimentieren. Denn da es an vielem fehlt, z.B. beim Einkochen, müssen sie improvisieren. Mit dem beginnenden Sommer wird der Markt überschwemmt von Früchten aus den Yungas, die haltbar gemacht werden sollen. Weil Einmachgläser fehlen, wird kurzerhand Flaschen der Hals abgeschnitten, und erstaunlicherweise klappt das. Täglich inspiziert Elisabeth die Speisekammer, aber der erwartete Schimmel zeigt sich nicht.

Feliciano mit Frau und Sohn Jorge

Dann aber kommt die wirkliche Herausforderung: Das inzwischen fette Schwein! Es muss dran glauben: "Wir haben hier natürlich keinen Schlachter und mußten gestern unser Schwein allein schlachten und verarbeiten. Heute habe ich den ganzen Tag gewurstet, leider fürchte ich, daß die Leberwurst nicht befriedigend ausgefallen ist, denn ich muß alles nach dem Kochbuch ausprobieren mit Felicianos Hilfe." Zehn Tage später schreibt sie: "Ich bin froh, daß ich die 'Schweinerei' hinter mir habe. Es ist eine tüchtige Arbeit, wenn man zu zweit alles nebenher erledigen soll. Aber wie gern hat man es getan, wenn nachher alles gelungen ist. Die Leberwurst ist ausgezeichnet geworden und schmeckt jeden Tag besser, sodaß ich ganz stolz bin. Es wird nur zuviel, wenn man das ganze Fleisch im Haus hat, das durchaus gegessen werden muß. Wieviel mehr Spaß würde es machen, wenn wir Euch alle zum Schweineessen einladen könnten oder jedem einen Braten schicken. Es kommt uns manchmal wie ein Unrecht vor, daß wir alles in Hülle und Fülle haben, während Ihr soviel entbehren müßt."

Hungersnot in Deutschland

Denn in Deutschland wird die Versorgungslage der Bevölkerung im zweiten Jahr nach Kriegsende immer katastrophaler. Es gibt oft nicht einmal die notwendigsten Lebensmittel, geschweige denn Luxusgüter wie Kaffee oder Schokolade, selbst Zucker ist kaum zu haben. So gehen schon seit Anfang des Jahres Pakete an die verschiedenen Familien, hauptsächlich gefüllt mit Fett, Fleisch, dem sehr begehrten Fleischextrakt und natürlich Kaffee und Schokolade. Da Bolivien jede Ausfuhr von Lebensmitteln untersagt hat, müssen die Waren von Chile oder Argentinien aus geschickt werden. Ein "Volksbund", und später auch darauf spezialisierte Geschäfte, haben Listen, nach denen die Bestellungen zusammengestellt werden. Ed muss ein Heidengeld dafür ausgegeben haben, aber es bedeutet eine große Befriedigung für beide, auf diese Weise die Not ihrer Lieben etwas lindern zu können. Allein im Oktober werden nach Göttingen sieben Weihnachtspakete in Auftrag gegeben, vier für die Schwester Martha, und sicher entsprechend viele für Krefeld. Mit diesen Sendungen entsteht ein zusätzliches Band zwischen ihnen, denn die Sehnsucht nach den Lieben in Deutschland ist immer da, und es werden Pläne geschmiedet, die ein Wiedersehen in greifbare Nähe rücken. So schreibt Ed im Juni 1920 an seine Schwiegermutter: "Wir sind jetzt fest entschlossen, im Frühjahr 1922 nach Hause zu reisen." Das heißt immer noch, zwei Jahre warten.

Schwanger! – Das Kind soll in Deutschland geboren werden

Aber so lange braucht es letzten Endes doch nicht. Sie müssen völlig neu planen, denn Elisabeth ist schwanger, und damit stellen sich neue Probleme ein. Es gibt in Bolivien keine Möglichkeit für sie, einen Ort für die Geburt zu finden. In Araca können sie nicht bleiben, da gibt es weder einen Arzt noch eine Hebamme, und in La Paz kann sie sich nicht eventuell wochenlang aufhalten, dazu sind die Freundschaften dort nicht eng genug. Sie haben keine andere Wahl, als nach Deutschland zu fahren. So wird ihr Kind in Deutschland geboren werden. Wohl ein unglaubliches Glück. So schreibt Elisabeth im September an ihre Mutter: "... es scheint doch, als ob aus unserer Reise etwas würde." Aber gleich meldet sich ihr Pessimismus: "Man darf sich nur noch nicht drauf freuen, sonst wird nichts draus." Dabei ist alles schon geregelt, wie Eds Brief vom nächsten Tag zeigt: "Ich freue mich, Dir die frohe Botschaft senden zu können, daß wir nun endgültig unsere Reise für Mitte Januar 1921 festgesetzt haben."
Als Ed und Elisabeth diesen Brief schreiben, sind sie gerade erst aus La Paz zurückgekommen. Aber, warum um alles in der Welt mussten sie diese strapaziöse Reise machen, wenn

Umsteigen von den Pferden auf den Zug

Elisabeth schwanger ist? Ganz einfach, sie musste zum Arzt! Und den gibt es weit und breit nur hier, in der Stadt. Also machten sie sich auf den langen Weg, der sicher auch nicht ohne Risiko war. Elisabeth schildert ihn ihrer Mutter: "Der Ritt war ziemlich anstrengend. Da das Auto nicht fuhr, mußten wir bis zur Bahn reiten. Am 1. Tag 9 Stunden, am 2. Tag 10 Stunden im Sattel. Dabei ist es im Flußtal so heiß, daß man vor Durst meint umzukommen, auf der eintönigen Hochebene dagegen weht ein eisiger Wind. Manchmal verlor ich den Mut, denn ich bin gar nicht so zäh, wie Du immer meinst. Matratzen und Wolldecken waren wieder mitgenommen auf einem Lastesel, sodaß wir zwei mit zwei Mann Bedienung reisten. Dadurch brauchte man sich unterwegs um nichts zu kümmern, das war sehr angenehm. Als wir am 3. Tag nach 2stündigem Ritt im eleganten Speisewagen saßen, war alle Not vergessen. Zum Glück ist mir der Rückweg dann aber viel leichter geworden." Einfach ist für

Elisabeth ihre Schwangerschaft da oben in der Abgeschiedenheit sicher nicht, hat sie doch keinerlei Erfahrungen und niemanden, den sie um Rat fragen kann.

"Mein einziger Trost ist hier Frau Köppen [ihre Schulkollegin; C.M.], die mir Maße und Muster schickt. Aber wenn ich in Antofagasta bei ihr anfrage, kann ich immer erst in 3 Wochen Antwort haben." Sehr viel vorbereiten kann sie sowieso nicht: "Obgleich es hier, im Gegensatz zu Deutschland, alles im Überfluß gibt und viel billiger wäre, würde das zu viel Platz im Gepäck beanspruchen." So bittet sie ihre Mutter um Hilfe für die Babyausstattung: "Da wir spätestens am 12.2.1921 in Göttingen sind, haben wir ja noch mindestens bis zum 1.3. genügend Zeit, um alles zusammen fertig zu machen. Aber Du könntest doch schon mal darüber nachdenken, denn ich versteh doch gar nichts davon. Kannst Du mir nicht eine kleine Matratze und ein Kopfkissen machen lassen? Vielleicht kannst Du Federn aus einem alten Kissen verwenden. Dann überlege doch mal, wie wir am besten und billigsten ein kleines Bett herstellen, vielleicht aus einem Korb."

Bei aller Planung und Vorfreude haben beide sich zunächst gar keine Gedanken darüber gemacht, wie ihre Familien sie eigentlich unterbringen werden. Aber irgendwann kommen Elisabeth Bedenken: "Wenn Du das Haus so voll hast [ihre Mutter hat Studentinnen als Untermieter; C.M.], wirst Du Dir sicher Sorgen machen, wie und wo uns auch noch unterbringen. Das hab ich gar nicht bedacht. Ich mach mir schon viel Sorge, daß Du Dich wahrscheinlich deswegen gar nicht auf unser Kommen freust: Ed meint, Du solltest im Wohnzimmer einen Bindfaden spannen und 2 Bettücher darüber hängen und so ein Schlafzimmer für uns abtrennen."

Das ist typisch für Ed: Er begegnet ihren Sorgen mit seinem Witz, lebt er doch nach dem Prinzip: Wenn es soweit ist, lässt sich schon ein Ausweg finden. –

Die Reise rückt in greifbare Nähe. Die Fahrkarten für das Schiff "Limburgia" sind bestellt, das am 12.1.1921 von Buenos Aires abfährt. Sie müssen ihren Weg über Argentinien nehmen, da es das einzige Land ist, das Deutschen nach dem verlorenen Krieg die Durchreise gestattet. Da die wirtschaftliche Lage in Deutschland in dieser Zeit immer noch katastrophal ist, wird den beiden von allen Seiten von dieser Reise abgeraten. "Es ist ja freilich nicht ermutigend, wenn Ihr alle uns warnt, jetzt zu fahren. Aber inzwischen wißt Ihr ja, daß die Reise beschlossene Sache ist. Und wenn Du diesen Brief bekommst, schwimmen wir hoffentlich schon. Die Seereise auf dem großen, bequemen Dampfer wird mir nicht schaden. Nur der Ritt nach La Paz wird anstrengend werden. Aber den müßte ich ja auf jeden Fall machen, wenn ich zur Geburt dorthin müßte."

Rechtzeitig vor Antritt der Reise erfahren sie zu ihrer großen Überraschung und Erleichterung, dass es noch eine andere, günstigere Strecke gibt. Kein Wunder, dass sie die noch nie in Betracht gezogen haben, führt sie doch – statt nach Norden, wo La Paz liegt – genau in die entgegengesetzte Richtung. "Wir werden dann nur 6–8 Reitstunden haben und können dann schon mit dem Auto zur Bahn fahren und brauchen insgesamt nur 1¾ Tag bis nach La Paz."

Dies ist einer der letzten Briefe, die Elisabeth vor ihrer Reise schreibt, denn spätere werden kaum früher am Zielort angelangt sein als die Reisenden selbst. Statt der Briefe können nun Eds Tagebuchnotizen die dadurch entstehende Informationslücke schließen. Er hat die Angewohnheit, alles Tagesgeschehen in seine jährlichen Taschenkalender einzutragen. Mit dem Antritt der Reise beginnt nun aber ein richtiges Reisetagebuch. Zwar fangen die Eintragungen fast täglich mit dem Zeitpunkt des Aufstehens an und damit, wie gut oder schlecht er geschlafen hat, und enden mit dem Zeitpunkt des Zu-Bett-Gehens, was für ihn anscheinend von großer Wichtigkeit ist – aber alles, was dazwischen steht, das ist für den Fortgang der Geschichte von Interesse.

1921 – Erste Deutschlandreise

Fröhliche und entspannte Schifffahrt

"21. Dezember 1920. Fünf Uhr Abritt von Araca bei herrlichstem Wetter. Abschied keineswegs schwergefallen."
Diese für sie neue Route erweist sich tatsächlich als unglaublich viel einfacher und bequemer als die bisher benutzte. Sie lassen sich Zeit und machen eine lange Mittagspause, bis sie dann am Abend in Caxata eintreffen, wo sie die Nacht verbringen müssen. Auswahl haben sie bei der Quartiersuche allerdings nicht: "Ganz gemeines Quartier in stinkendem, stickigen Raum, wo schon 3 finstere Gesellen schnarchen. G.s.D. haben wir ein eigenes Bett, und so haben wir zusammen relativ gut geschlafen." Nach dem Frühstück, das aus einer Dose schlechter Hühnersuppe besteht, brauchen sie mittags nur zwei Stunden mit dem Auto – "auf Straßen, die zum Teil an deutsche Chausseen erinnern, so gut sind sie" – bis zur Bahnstation Eucaliptus. Hier kommen sie in einem freundlichen Landhotel unter und feiern bei einem guten Essen und einem Glas Wein ihren ersten Hochzeitstag.
Am dritten Tag bringt sie der Zug nach La Paz, wo sie von Herrn Trepp in Empfang genommen werden, der sie in das Hotel bringt, das sie fünf Tage beherbergen wird. Diese Zeit brauchen sie, um alles für die Reise Notwendige zu regeln: Abholen der Zug- und Schiffsbilletts, Besorgen der Pässe für die Durchfahrt durch Chile und Argentinien bei den jeweiligen Konsulaten und – nicht zuletzt – das Füllen der Reisekasse. "Geldangelegenheiten bei der deutschen Bank erledigt. Nehmen von hier mit: Kreditbrief über Dollar 2.000, Scheck auf chilenische Dollars 1.000, Scheck auf Buenos Aires 816, in bar Bolivianos 200." Eine Menge Geld für die damalige Zeit.
Einen großen Raum nehmen die geschäftlichen Besprechungen mit Herrn Trepp ein. Die Leitung der Mine liegt während Eds Abwesenheit in Herrn Bengels Händen, aber es gibt auch

für die Zukunft einiges zu planen. So soll Ed sich aus Deutschland einen "Ayudante" – Assistenten – mitbringen und, wenn möglich, einen Arzt für Araca.

Der Heilige Abend wird bei Trepps gefeiert. "Um 7 h abends in großer Toilette zu Trepps. Dort sehr hübsche Weihnachtsfeier mit 10 Personen. Üppiges Essen, nachher Bowle bis ½ 3 Uhr. Mit dem Auto zum Hotel zurück, dort ¼ Stunde gewartet, bis der Besitzer auf unser anhaltendes Klopfen öffnete. Gute Nacht."

Am 28. Dezember geht es weiter. Nach etwa 36-stündiger Bahnfahrt erreichen die beiden Reisenden Antofagasta und kommen aus dem eher kühlen La Paz in den chilenischen Hochsommer. "Im Allgemeinen eine unerträgliche Hitze." Wo immer sie ankommen, werden sie von einem Angestellten der E.E.A.- Gesellschaft abgeholt, und hier, wie auch später in Valparaiso und Santiago, finden geschäftliche Treffen und Konferenzen in dem jeweiligen "Oficio" statt. Überall wird Ed "sehr entgegenkommend" aufgenommen und findet umfassende Hilfe. "Ich brauche mich um nichts zu kümmern, da die Firma alles, wie Gepäck, Billets usw. besorgt und auch telegrafisch die Fahrkarten für den Zug durch Argentinien in Valparaiso bestellt."

Für Elisabeth ist diese Stadt voller Erinnerungen. Ist wirklich erst ein Jahr vergangen, seit sie von hier aufgebrochen ist? Sie besuchen die Schule, machen einen Spaziergang zum Meer und treffen Elisabeths Nachfolgerin Fräulein Schreiber, von der wir später noch mehr hören werden. Silvester verbringen sie im deutschen Klub und gehen am Neujahrstag an Bord des Schiffes, das sie nach Valparaiso bringen soll. Aber erst einmal müssen sie sich in Geduld fassen, denn vierzehn Tage lang löscht der Dampfer Eisenschienen und Platten. Die fast 48-stündige Seereise verläuft dann leider recht ungemütlich. "Bewölkter Himmel, das Meer sehr unruhig, sodaß das Schiff sehr stampft. Deshalb viel Seekranke an Bord. Li bleibt im Bett – sehr tapfer! Ich: munter, im Schädel etwas benommen."

Am 5. Januar: "6 Uhr morgens Paßrevision an Bord. Der junge Mann von Danelsberg [der Leiter der hiesigen Niederlassung; C.M.] holt uns auf dem Dampfer ab. Ausbooten und kurze Gepäckrevision. Unser großes Gepäck geht gleich nach Buenos Aires durch. Begrüßung in der Oficina. Dann Einkäufe. Sehr hübscher Pelz für Li [für den deutschen Winter; C.M.] etc. 2.50 nachmittags Weiterfahrt nach Santiago, blödsinnige Hitze im Zug, aber die Landschaft ganz entzückend. Um 6.20 abends treffen wir ein. Frau Köppen [die Freundin aus Antofagasta; C.M.] holt uns ab. Mit dem Auto zur deutschen Pension, die jedem zu empfehlen ist. Dann Essen mit Frau Köppen."
Mit ihr zusammen verleben sie drei schöne Tage mit Besichtigung der Stadt und Spaziergängen, bis es am 8. Januar weitergeht. Zunächst nur wenige Stunden mit dem Zug, noch vor der Landesgrenze müssen sie übernachten, denn der nächste geht erst am nächsten Morgen ab nach Mendoza, der ersten Stadt in Argentinien, wo sie abends eintreffen und umsteigen müssen. Der Kommentar zu diesem Tag: "Bahn schlecht, aber die Fahrt über den Paß entzückend." Der neue Zug ist wesentlich besser und "führt durch eine wunderschöne Landschaft mit großen Estancias mit viel Vieh auf grünen Wiesen [die sie so lange entbehrt haben; C.M.]. Auch Farmen mit vielen Straußen gesehen. Um 7 Uhr abends Ankunft in Buenos Aires."
"11. Januar. Morgens Paß beim deutschen Konsul besorgt, unverschämte Preise. Zusammen habe ich 112,40 argent. Dollar bezahlen müssen, während der holländische Konsul nur 15 Dollar berechnet hat." Und so geht es weiter mit dem Geldausgeben. "Alles, selbst die kleinste Gefälligkeit, muß sehr teuer bezahlt werden. Aber alle Leute sind sehr empfänglich für Trinkgelder, und so lassen sich die größten Schwierigkeiten schnell beseitigen."
Neben all dem bleibt Ed und Li noch genug Zeit, um sich die Stadt anzusehen, die sie sehr beeindruckt. "Besuch des Zoologischen und Botanischen Gartens. Vom Rosengarten aus Rückfahrt per Droschke. Der Gesamteindruck von Buenos

Aires ist: ganz moderne, großzügig angelegte Stadt mit Riesenpalästen, schönen Parks und hübschen Alleen. Alles sehr sauber. Abends Spaziergang durch das Hafenviertel, sehr viele deutsche Kneipen."

Als Eduard und Elisabeth am 13. Januar 1921 an Bord der "Limburgia" gehen, liegt eine dreiwöchige Reise quer durch den südamerikanischen Kontinent hinter ihnen. Und die werdende Mutter ist jetzt im siebten Monat schwanger! Ganz sicher ist das ständige Hin und Her manchmal recht mühsam für sie gewesen, vor allem aber bei der oft großen Hitze. Aber da sich im Tagebuch ihres eigentlich besorgten und fürsorglichen Ehemanns keinerlei Hinweise darauf finden, wird sie alles klaglos hingenommen haben. Und nun liegen drei Wochen Erholung in ihrem schwimmenden Hotel vor ihnen.

"Die 'Limburgia' ist ein wunderschönes Schiff. Die 2. Klasse hier [in der sie reisen; C.M.] ist mindestens so gut, wie damals auf dem Kosmos-Dampfer die erste." Nach dem Auspacken, Einrichten und Eingewöhnen erkunden sie das Schiff, vor allem die erste Klasse. Und hier verschlägt es ihnen den Atem: "Die Raumverschwendung spottet jeder Beschreibung: Speisesaal, Damensalon, Kinderzimmer, Rauchsalon, Schwimmbad, Turnhalle etc. sind so großartig angelegt und so stilvoll eingerichtet, daß man einfach sprachlos ist. Es ist ein Laden an Bord, in dem man fast alles kaufen kann, und ein Treibhaus liefert täglich frische Blumen."

Eine wichtige Rolle für die nächste Zeit spielen die Mitreisenden, von denen es zunächst heißt: "Gesellschaft zum Teil sehr gut, zum größten Teil allerdings sehr zweitklassig. Es wird viel mit dem Messer gegessen." Dieses "Mit-dem-Messer-Essen" war zur damaligen Zeit ein eindeutiges Kriterium für schlechte Erziehung, d.h. man führte das Messer genauso wie die Gabel zum Mund. Wie Li erzählte, machte Ed sich später einen Spaß daraus: Saßen solche Gäste bei ihnen am Tisch, musste es Erbsen geben – die kullerten so schön vom Messer. Aber es dauert nicht lange und es heißt: "Die Reisegesellschaft entwickelt sich. Es sind zum Teil sehr nette Menschen. Es bildet sich ein engerer Kreis. Es wird viel gelacht, Stimmung sehr gut." Gemeinsam wird gespielt, gelegentlich gepokert und hin und wieder gibt es abends ein Konzert: "Streichorchester im Damensalon, sehr gut." Das Schiff fährt große Strecken an der Küste entlang, und so bieten sich ihnen immer wieder abwechslungsreiche, wundervolle Ausblicke, die sie genießen. Vor allem aber genießen sie "das köstliche Faulenzen". Das bietet sich vor allem anderen an, denn man kann nicht viel anderes tun. Es ist fast unerträglich heiß: "Blödsinnige Hitze. Der einzig mögliche Aufenthaltsort ist das Deck. Und in der Kabine sorgt ein Ventilator dafür, daß es einigermaßen erträglich ist."

Das Schiff läuft Montevideo an und Santos. Der Höhepunkt aber ist Rio de Janeiro. "18. Januar. Morgens um 8 h legen wir an und steigen gleich aus, um die wenigen Stunden gut ausnutzen zu können. In 2 Autos fahren wir am Strand entlang, der so wunderschön ist, daß ihn wohl keine Feder zu beschreiben im Stande ist. Rio steht mit vollem recht im Ruf, der schönste Hafen und die schönste Stadt der Welt zu sein. Es ist ohne Frage das weitaus schönste, was ich bisher im Leben gesehen habe, und ich glaube auch nicht, daß ich je Schöneres zu sehen bekommen werde."

Sie fahren zu einem auf einer Anhöhe gelegenen Hotel: "Die Aussicht von dort ist unbeschreiblich. Nur schwer konnten wir uns trennen, aber da wir um 2.30 nachmittags wieder an Bord sein mußten, war der Aufenthalt in diesem Paradies auf Erden von nur allzu kurzer Dauer." Auch die Ausfahrt aus dem Hafen und an der Küste entlang ist so überwältigend, "daß das Auge sich keinen Augenblick von dieser paradiesischen Schönheit losreißen konnte". Und: "Am Abend sahen wir das letzte Land und kamen in den Atlantischen Ozean, der uns jetzt 9 Tage lang auf seinen kristallklaren Fluten tragen soll." Eduard, der nur so ungern seine Gefühle zeigt, hier wird er vom Anblick überrollt – von so viel, so lange entbehrter Naturschönheit.

Der Kontrast zwischen der kargen kalten Berglandschaft, aus der sie kommen, und diesem unendlichen Grünen und Blühen, der Wärme und der Harmonie von Natur, Kultur und Zivilisation. Kein Wunder, dass er – und ganz sicher auch Elisabeth – überwältigt ist.

Jahre später kann man bei Stefan Zweig, dem österreichischen Schriftsteller, ein ähnliches Loblied auf diese Stadt lesen: "Es gibt – wer sie einmal gesehen, wird mir nicht widersprechen – keine schönere Stadt auf Erden. ... Nie wird man müde, nie hat man genug."

Die nächsten Tage – nun auf hoher See – vergehen mit Faulenzen und Lesen. Die Hitze wird langsam erträglicher. Elisabeth, jetzt im achten Monat schwanger, konsultiert den Bordarzt: "G.s.D. alles gut." Seit ihrem Aufbruch von Araca kommen die beiden eigentlich erst jetzt wirklich zur Ruhe. Vielleicht ist das der Grund, warum Ed auf einmal in ein Loch fällt und das gerade am 23. Januar, seinem Geburtstag. "30 Jahre! Den Tag größtenteils schlafend verbracht. Stimmung kläglich, deshalb nichts unternommen." Lange hält diese miese Stimmung aber nicht an. Wie könnte es bei ihm anders sein. Lis 31. Geburtstag, zwei Tage später, wird richtig gefeiert. Ed verwöhnt seine Frau mit schönen Geschenken, und ihre Bordfreundinnen überraschen sie mit einem herrlichen Nelken-Orchideenstrauß und einem schönen Löffel. Das Schönste aber ist das Babyjäckchen, das eine von ihnen für sie gehäkelt hat. Abends bei einer Ananasbowle gibt es ein fröhliches Fest. Die Stimmung wird ausgelassen, und alle tanzen zu Elisabeths Klavierspiel. Der dabei einsetzende Gesang des glücklichen Ehemanns trägt sicherlich zur zusätzlichen Heiterkeit bei. Er singt ja so furchtbar gern, aber leider auch so furchtbar falsch.

Die Tage, bis die Ostküste des Atlantiks erreicht ist, verlaufen ruhig und entspannt. Schon die Begegnung mit einem Dreimaster ist eine Notiz wert. Allmählich wird es immer kühler, sodass abends schon ein Mantel übergezogen werden muss. Der erste Hafen, den sie anlaufen, ist La Palma von den Kanarischen Inseln, danach Lissabon. Hier betreten unsere beiden Reisenden zum ersten Mal nach sieben Jahren wieder europäischen Boden. Sie sind der Heimat merklich nähergekommen, wenn auch der Bummel durch das Hafenviertel Lissabons sie etwas enttäuscht.

Je weiter sie nach Norden kommen, umso kälter wird es und abends immer früher dunkel. Im Golf von Biscaya wird es richtig ungemütlich. "Das Wetter wird immer unruhiger. Die 'Limburgia' schlingert fürchterlich. Nach 2 Stunden sind fast alle Passagiere verschwunden: seekrank. Zum Abendessen sind wir nur etwa 10 Personen. Li bleibt ruhig liegen, um der Seekrankheit vorzubeugen. Trotz Sturm gut geschlafen." Auch am nächsten Tag wird es zunächst noch nicht besser. "Die 'Limburgia' schlingert noch sehr, und zum Frühstück erschienen nur sehr wenige. Li bleibt weiterhin ruhig liegen, sehr lieb und vernünftig. Die See wird ganz langsam ruhiger, und zum Abendessen sind fast alle Passagiere wieder versammelt. Danach gibt es ein gutes Konzert."

Glückliches Wiedersehen mit den Familien

Einen Tag später sind sie im Kanal. Plymouth verschwindet im Februarnebel. Interessant ist der rege Schiffsverkehr. "Man sieht immer mindestens 12 Dampfer." Es dauert noch bis zum nächsten Morgen, bis ihr Schiff in den Nordsee-Kanal einbiegt. Es ist der 3. Februar 1921. Schon früh stehen Ed und Li reisefertig und mit gepackten Koffern an Deck. "Hübsche Fahrt an Dörfern und Städten vorbei." Endlich ist es geschafft. Um zwei Uhr nachmittags legt ihr Dampfer in Amsterdam an. Und sehr bald entdeckt Ed seinen Bruder Lutz in der am Kai wartenden Menge. Fröhliches Winken hin und her, bis sich beide endlich in den Armen liegen. "Mit dem Auto zum Hotel, danach Bummel durch Amsterdam und Telegramme nach Krefeld und Göttingen. Abends gutes Essen in einem Weinlokal und, nachdem wir Li nach Hause gebracht haben, bis 1 Uhr nachts in einem

Tingel-Tangel-Lokal gekneipt. Dabei fast nur über Familienangelegenheiten gesprochen."

Für den vorerst letzten Teil der Reise brauchen sie noch den ganzen nächsten Tag – eine Strecke, die heute in ca. zwei bis drei Stunden zu schaffen ist. In Kleve, gleich hinter der Grenze, müssen sie umsteigen. Und hier erwarten sie Eds Eltern, die ihnen entgegen gefahren sind. Welch ein "überaus glückliches und freudiges Wiedersehen". Aus dem Sohn, den sie 1914, kaum 23-jährig, in eine ungewisse Zukunft aufbrechen lassen mussten, ist ein erfolgreicher und geachteter Mann geworden, der ihnen auch noch eine liebenswerte Schwiegertochter mitbringt. Und in Kürze werden sie ihr erstes Enkelkind bekommen. Wenn das nicht viele Gründe sind, von ganzem Herzen dankbar und stolz zu sein. Und Li – wie sie von nun an von allen genannt wird – kann sich langsam an die neue Familie gewöhnen. Denn nun sind sie zu fünft, als sie gegen Abend endgültig in Krefeld ankommen. "Nach Gepäckbeförderung zu Fuß in die Hindenburgstraße." – Wie oft wird Ed in seinen Gedanken diesen Weg gegangen sein! Nun ist aus der Sehnsucht Wirklichkeit geworden.

Im Elternhaus werden sie von den Schwestern erwartet. "Stürmische und laute Begrüßung von den 3 Mädels." Diese werden ihre neue Schwägerin neugierig beäugt und sie gern in ihren Kreis aufgenommen haben. Als am nächsten Tag noch Bruder Heinrich dazukommt, der seine Braut Lisbeth mitbringt, ist die zehnköpfige Familie komplett und mit ihrem Temperament und ihrer Lautstärke sicher zunächst etwas gewöhnungsbedürftig für die eher zurückhaltende junge Frau.

Nach drei Tagen bei der neuen Verwandtschaft geht es am 8. Februar endlich auch für Elisabeth nach Hause. Als der Zug Hannover hinter sich gelassen hat, wird die Landschaft immer heimatlicher – die Leine wird überquert, im Westen tauchen die Ausläufer des Weserberglandes auf, Deister und Ith, im Osten in der Ferne der Harz. Nach zehnstündiger Reise – zwei Stunden Aufenthalt in der Landeshauptstadt wurden zum Besuch einer alten Freundin von Li genutzt – läuft der Zug im Heimatbahnhof Göttingen ein. Sicher haben die beiden erwartungsvoll am Coupé-Fenster gestanden und schon von dort aus die wartende Mutter entdeckt, und auch Elisabeth ist am Ziel ihres Heimwehs.

Der Eintrag im Tagebuch, "fröhliches und schönes Wiedersehen", kann das natürlich nur unvollkommen ausdrücken. Auch hier gehen sie zu Fuß zur Wohnung: den "Sehnsuchtsweg". Zu Hause gibt es dann ein "sehr gutes Essen mit Rheinwein", dabei können sich Schwiegermutter und Schwiegersohn erstmals begutachten. Später – als auch Schwester Martha gekommen ist – heißt es dann: "Die beiden sind reizende und sympathische Menschen." Am ersten Abend wird "bis 11 h geklönt, dann ins Bett, da Li sehr abgespannt ist."

Ein solcher Hinweis auf die Erschöpfung der werdenden Mutter kommt in dem ganzen Reisetagebuch kaum einmal vor. Jetzt, am Ziel, lässt die Anspannung nach, und sie kann ihr nachgeben. Endlich darf sie sich Ruhe gönnen und nur noch an sich und das Baby denken. – Nach dem lebhaften Betrieb in Krefeld umgibt sie hier eine entspannte Atmosphäre: "Die Ruhe im Haus ist ganz köstlich." Elisabeth feiert Wiedersehen mit ihrer geliebten Heimat und zeigt ihrem Mann alles, was er bisher nur aus ihren Erzählungen kannte. Sie bummeln durch die Stadt und trinken natürlich Kaffee bei "Kron und Lanz", damals, wie heute noch, das bekannteste Café in Göttingen.

Als Ed nach fünf Tagen abreist, kann er seine Frau beruhigt in der Obhut ihrer Mutter zurücklassen, während Ed nun seinerseits das Zu-Hause-Sein in Krefeld rundum genießt. Es werden Ausflüge und Spaziergänge mit den Eltern und den Geschwistern gemacht und die zahlreiche Verwandtschaft in der Stadt und auf dem Land besucht. Ed trifft Freund Eugen Herbst, mit dem zusammen er 1914 auf die große Reise ging und seine alte Liebe, Gerda, die er damals zurückließ. Dieser Besuch ist eine kurze Notiz in seinem Tagebuch wert: "Sehr traurig! Aber nicht ich!" Außerdem ist manches Notwendige zu erledigen,

wie z.B. beim Zahnarzt, beim Schneider und beim "Waffenfritze". Ersterer überholt das Gebiss, der Zweite den Frack, der
Dritte das Fernglas.

Auch in Deutschland geschäftlich unterwegs

Als erst einmal alles Wichtige erledigt ist, und seine persönlichen Angelegenheiten in Gang gebracht sind, geht Ed auf Reisen. Nicht nur, dass er von nun an ständig zwischen Krefeld
und Göttingen hin und her pendelt, sondern er hat einen großen geschäftlichen Auftrag seiner Firma E.E.A. zu erledigen.
Denn für Araca ist eine Seilbahn geplant, die in Deutschland
bestellt werden soll. Dazu ist es nötig, die in Frage kommenden Fabriken aufzusuchen. Als erstes ist er in Hamburg, wo
er andere Mitarbeiter seiner Minengesellschaft trifft. Einen
Herrn Mommsen aus Orŭro, Bolivien, der im Zusammenhang
mit dem Seilbahnbau eine wichtige Rolle spielt, und einen
Herrn Becker, der in Hamburg, jetzt und auch bei späteren
Deutschlandreisen, eine hilfreiche Anlaufstelle ist.
Die Reise führt Ed weiter, zunächst nach Magdeburg zu Krupp,
dann nach Berlin zu Siemens, wo "Siemensstadt" ein eigener
großer Stadtteil ist, schließlich nach Leipzig, wo er die damals
größte Fabrik für Krananlagen und Seilbahnen in Deutschland
aufsucht. Überall knüpft er Kontakte und führt Gespräche mit
den Firmenmanagern. Und überall trifft er auch Herrn Mommsen. Der Besuch dann in Dresden ist offensichtlich so wichtig,
dass er von Berlin dorthin das Flugzeug nimmt. Nicht etwa,
wie heute üblich, eine Passagiermaschine, sondern einen kleinen offenen Zweisitzer. Stolz lässt er sich in der dazu nötigen
Montur vor dem Abflug fotografieren. Er beschreibt den Flug:
"Um 4 Uhr nachmittags Start bei herrlichem Wetter. Die Fahrt
ist ganz unbeschreiblich schön, die Fernsicht hervorragend.
Wir fahren in 900 Meter Höhe. Es ist lausig kalt [es ist der 8.
März; C.M.], aber so wunderbar, daß man der Kälte weiter gar
nicht achtet. Um 5.45 Ankunft in Dresden."

Das war nicht nur der erste, sondern auch der einzige Flug in seinem Leben. Wo immer er unterwegs ist, versteht er das Notwendige mit dem Schönen und Unterhaltsamen zu verbinden. So auch bei dieser Reise. Er erkundet die Städte und ihre Sehenswürdigkeiten, besucht die Museen und abends das Theater. So z.B. in Berlin das Lessing-Theater. Hier sieht er "Peer Gynt" von Ibsen: "Eigenartig, aber sehr gut." Und überall trifft er sich mit Freunden oder Verwandten.

Endlich, am 11. März, hat er den wichtigsten Teil seines Auftrags zu seiner Zufriedenheit erledigt. "Um 12 Uhr Abfahrt von Leipzig nach Göttingen. Ankunft dort 6 Uhr abends, freudig begrüßt von Li. Abends wieder zu Hause. Gott sei Dank." Eine Woche lang genießt er das Zusammensein mit seiner Frau und die Entspannung nach allem Stress. "Sehr hübsche und ruhige

Frühlingstage dort verlebt. Es war auch dringend nötig nach dem Gehetze." Wie wohltuend der Aufenthalt ist, zeigt noch ein Eintrag: "Morgens 9 Uhr. 2 Stunden Spaziergang durch den Wald mit Li. Herrlich schöner Vorfrühling – Vogelgezwitscher."

Geburt des ersten Kindes

Dann geht es für ihn wieder nach Krefeld. Kaum ist er dort, erreicht ihn am 21. März das Telegramm seiner Schwiegermutter: "Heute morgen um 5 Uhr Junge angekommen. Alles normal." Die Freude ist natürlich ungeheuer, und so sitzt er am nächsten Tag schon wieder im Zug – zehneinhalb Stunden von Krefeld nach Göttingen. "Mutter an der Bahn. Schnell Blumen besorgt und zu Li in die Klinik, die ich recht gut vorfinde. Hans Lutz, so heißt unser Erstgeborener, ist ein starker Junge, 54 cm groß, 7 Pfund schwer, blond und hat blaue Augen. Wir beide freuen uns sehr." Als sein Sohn vier Wochen alt ist, holt der glückliche Vater seine kleine Familie nach Krefeld, wo er inzwischen eine Übergangswohnung gemietet hat. Das Baby wird im Schließkorb transportiert – ein positiv ausfallender Test für die lange Heimreise.
Die letzten Wochen vergehen schnell. Vieles ist zu regeln und zu erledigen. Wichtig für beide sind die Besuche beim Zahnarzt, denn Probleme mit den Zähnen sind das Letzte, was sie in ihrer Abgeschiedenheit in Araca gebrauchen können. Der überholte Frack und der neue Anzug werden beim Schneider abgeholt, ebenso das reparierte Fernglas und die bestellte Pistole beim "Waffenfritze". Bevor es ans endgültige Abschiednehmen geht, kommt Mutter Lauenstein zu Besuch, später auch Elisabeths Schwester Martha. Zur Vorbereitung der Reise muss Ed noch zweimal nach Hamburg. "11. Mai: Belege 3 Passagen auf Dampfer 'Stuyvesant' der königl. holl. West.Ind. Linie, Kabine Nr. 1. Anscheinend sehr gut. Besorge Pässe für Holland, Panama und Chile." – Demnach dürfen inzwischen

auch Deutsche ihre Reiseroute frei wählen. – Dann geht es zu Hause ans Packen. Und Ed reist zum zweiten Mal nach Hamburg, diesmal mit zwei großen Koffern, die er dort durch den Zoll bringt und schon zum Schiff transportieren lässt, was sich später aber als keine gute Idee erweisen wird.

Auch dieses Mal, wie bei jedem seiner Besuche in Hamburg, trifft er hier seinen Corpsbruder Ziegenbein. Da dieser zwei Jahre später als Mitarbeiter in Araca auftaucht, werden die beiden Männer bei diesen Gelegenheiten die Vorgespräche dafür geführt haben.

Rückreise – 40 Tage auf dem Schiff

Am 31. Mai 1921 ist es soweit: "9.55 Abfahrt von Krefeld nach Amsterdam. Paß- und Zollrevision umständlich, aber ohne Schwierigkeiten. Ankunft 3 Uhr nachmittags. Mit dem Wagen zum Hotel, ganz gut. Sofort zur Oficina der Dampfschiffahrtsgesellschaft. Es sind noch verschiedene Paß-Sachen zu erledigen." Am nächsten Tag: "Früh zum An- und Abmelden zur Polizei, danach hole ich mir die Fahrscheine ab. Anschließend zur Bank, wo ich mir 800 Dollar auf Colon kaufe [Währung in Panama; C.M.]. Den Rest lasse ich mir in Gulden geben." Als alles erledigt ist, haben Ed und Li Zeit für einen ausgiebigen Stadtbummel, Einkaufen und für den Besuch des Reichsmuseums: "Sehr lohnend".

Am 3. Juni endlich gehen sie früh an Bord der "Stuyvesant", die um 11.30 Uhr ausläuft. Erster Kommentar: "Verpflegung genügend, Gesellschaft recht zweitklassig." Dieser erste Eindruck bestätigt sich diesmal. Elisabeth schreibt in ihrem ersten Brief an ihre Mutter: "Das Leben an Bord ist ziemlich langweilig, wohl weil die Gesellschaft so gemischt ist. Hin und wieder wird ein Bordspiel gemacht, abends meist Karten gespielt und der Gewinn gleich in Wein angelegt. Von Trinidad an wird es interessanter werden. Besonders Curaçao soll sehr schön sein, dort wollen wir billig Schnaps einkaufen." Als Ausgleich haben sie eine "wundervolle Kabine bekommen. Denk Dir, 2.90 zu 3.20 mtr, keine Betten übereinander, mit zwei Waschtischen und 2 Bullaugen. Da wird es immer erträglich kühl bleiben. Für den Jungen habe ich ein niedliches Badewännchen und recht viel Platz für alles, was man braucht, sodaß ich nicht dauernd die Koffer hervorziehen muß". Die Hoffnung auf eine immer kühle Kabine erfüllt sich leider nicht. Denn je weiter ihr Schiff nach Süden fährt, umso heißer wird es – und leider auch in der Kabine. Das häufige nächtliche Gebrüll ihres Sohnes trägt vollends nicht zum besonderen Wohlbefinden bei.

Eine recht unangenehme Überraschung beschert ihnen schon der Reisebeginn. Dazu Elisabeth: "Einen großen Ärger haben wir freilich gehabt. Denk Dir, all unser Gepäck aus Hamburg ist liegengeblieben. Wo, das weiß man nicht. Schon in Amsterdam fing das Suchen an. Der 1. Offizier hat die ganze Ladung auf den Kopf gestellt, ob es vielleicht zwischen den Frachtsachen wäre. Jetzt hat der Kapitän nach Hamburg gekabelt. Ed hat alle seine weißen Bordanzüge in den fehlenden Koffern und muß sich hier mit 2 Anzügen und wenig Wäsche behelfen. Und mir fehlen natürlich die Papierwindeln. [Heute eine Selbstverständlichkeit, waren sie in der damaligen Zeit etwas ganz Besonderes. C.M.] So habe ich in der Kabine Wäscheleinen gezogen, die immer vollhängen. Nur 1–2 Windeln gebe ich täglich der Stewardess, die anderen wasch ich immer gleich durch. Zusammen mit der Gummihose, die ich ihm immer überziehe, geht das ganz gut. Wir klammern uns jetzt an die Hoffnung, daß wenigstens nicht alles gestohlen ist, dann wollen wir schon zufrieden sein."

Zwei Wochen auf See bei brütender Hitze und ziemlicher Langeweile. Dann erreichen sie Südamerika. Der erste Hafen, den sie anlaufen, ist Barbados, eine Insel der Kleinen Antillen. "Da englischer Besitz, dürfen wir Deutschen nicht an Land. Perfides England!!" Drei Jahre nach Kriegsende ist die Unversöhnlichkeit auf beiden Seiten noch groß. – Doch auch für die an Bord Gebliebenen gibt es Unterhaltung: "Auf und beim Dampfer buntes Leben. Neger und Negerinnen kommen mit Raritäten aufs Schiff. Und halbnackte Männer, Knaben und 'Damen' tauchen nach Münzen, unterschwimmen das Schiff und springen von der Reling ins Meer."

Am nächsten Morgen landen sie in Trinidad: "... und da wir gnädig Erlaubnis bekommen, lassen wir uns an Land fahren (1 Seemeile). Unsere Gesellschaft (11 Personen) fährt in 2 Autos durch die Stadt zu einem mitten im Urwald gelegenen Wasserfall. Die Fahrt ist einzig schön. Erst durch Trinidad, das einen wenig freundlichen Eindruck macht. Dagegen ist die Villenvorstadt der Europäer und mit den Regierungsgebäuden wunderschön und sehr gepflegt. Unsere Fahrt führt uns über palmengesäumte Wege an großen Kokospalmwäldern, Kakaofeldern und Kaffeeplantagen vorbei. Die Luft ist mit einem betäubenden Duft herrlichster Tropenblumen gefüllt. Weiter draußen beginnt der Urwald in seiner ganzen Pracht. Die Hitze brütet über dem Ganzen, und wir dampfen förmlich, als wir das letzte Stück zu Fuß gehen müssen. Am Wasserfall selbst empfängt uns tiefster Waldschatten. Das Wasser stürzt aus einer Höhe von etwa 30 Metern und fließt in ein natürliches Bassin, das zum Schwimmen einlädt. Leider haben wir keine Zeit mehr, damit Hans Lutz, den wir unter der Aufsicht der Stewardess zurückgelassen haben, zu seinem Recht kommt. Nach einer kleinen Erfrischung in einem wunderbar gelegenen Tropenhotel fahren wir in einem Motorboot zum Dampfer zurück und freuen uns über unseren Sohn, der sich während unserer 4stündigen Abwesenheit überhaupt nicht gemeldet hat."

Zehn Tage fährt das Schiff an der Küste Venezuelas, dann Kolumbiens entlang. Die ersten Mitreisenden steigen aus, Küstenpassagiere kommen an Bord und fahren ein Stück mit: "Mitunter sind es so viele, daß nicht alle untergebracht werden können. Unter anderem kommt ein ganzer Zirkus an Deck. Dort treiben sich nun alle möglichen Tiere herum. [...] Vom Dampfer aus ist der Blick auf das Land, die Dörfer und Häfen oft wunderschön, aber von Nahem betrachtet, erweisen sie sich dann leider als wenig einladend. [...] Wegen der ganz unerträglichen Hitze wird der Aufenthalt zur Qual. Die Stadt [la Guaira; C.M.] ist entsetzlich dreckig, und in den Straßen stinkt es fürchterlich. Wir kaufen einige Früchte und Briefmarken und sind bald wieder an Bord, wo es doch bedeutend frischer ist." Nach dem zweiten Landgang geben sie es auf: "Der Blick auf die kleine Hafenstadt ist entzückend, aber auch so 'entzückend' heiß, daß wir lieber auf dem Schiff bleiben."

Eine Abwechslung ganz anderer Art bietet Curaçao, wo sie zwei Tage liegen. "Morgens um 5 Uhr Ankunft in der Hafenstadt der holländ. Kolonie gleichen Namens. Wir legen im Hafen an, der mitten in der Stadt liegt. Die Häuser treten bis dicht an die Kaimauer ran, sodaß man direkt in die Fenster schauen kann. Wir gehen bald an Land, machen einige Einkäufe: Schnaps, Straußenfedern, Zigaretten usw. und trinken im 'Klub der Geselligkeit' einen Cocktail. Nachmittags bin ich allein unterwegs, dafür bleibe ich den Abend an Bord und hüte Hans Lutz, während Li mit einigen Herren an Land geht. Sie machen dort eine hübsche Autofahrt und kommen erst nach 11.30 Uhr zurück."

Am nächsten Tag bringt ein starker Regen etwas Abkühlung in die auch hier herrschende entsetzliche Hitze, sodass es erträglicher ist, als sie nachmittags nochmals in die Stadt gehen, um ihren Schnaps- und Zigarettenvorrat zu erweitern. Dann bietet sich ihnen ein besonderes Schauspiel: "Um 5 Uhr nachmittags kommt der Gouverneur von Curaçao an Bord, der mit uns nach Colon reisen will. Es ist ein feierlicher Moment, die erste Gesellschaft Curaçaos kommt mit, um dem Gouverneur zum Abschied noch einmal die Hand zu drücken. Als der Dampfer eine ½ Stunde später ausläuft, spielt die Militärkapelle, das Militär steht in Paradeaufstellung, und von der Festung donnern die Kanonen zum Abschied. – Beim Essen sitzt der Gouverneur neben dem Kapitän uns direkt gegenüber, er ist ein alter, sympathischer kleiner Herr. – Abends pokern wir bis 9 Uhr." (Natürlich nicht mit dem Ehrengast.)

Abwechslung in die Tage bringt auch das Zusehen beim Ent- und Beladen des Schiffes. "Sehr interessant ist das Löschen von 2 Riesenkisten (à 60 qm) mit Aeroplanen. Mit Unterbrechungen, hervorgerufen durch die sehr bummeligen Hafenarbeiter, laden wir bis tief in die Nacht hinein."

Besonders schön ist die letzte Station, Cartagena, im Norden Kolumbiens. "Wir fahren dicht an der Küste entlang, vorbei an kleinen Dörfern, die im Grünen liegen, im Schatten von Kokospalmen und Bananen. Wir passieren auch verschiedene altspanische Seebefestigungen, die mit ihren dicken Mauern und aus Schießscharten hervorlugenden uralten Kanonenrohren an frühere 'bessere' Zeiten erinnern. Wunderbar ist der Blick vom Hafen auf die Stadt. Alte Paläste und Kirchen zwischen hellgetünchten altspanischen Häusern lassen uns an eine Stadt aus 'Tausend-und-einer-Nacht' denken. Von nahem betrachtet sieht allerdings alles ziemlich verfallen aus. Nur die Villenvororte sind gepflegt. Mit einem Wagen fahren wir 1½ Stunden durch Stadt und Umgebung, sind dann aber heilfroh, als wir wieder an Bord zurückkommen, da die Hitze unerträglich ist. Auf dem Schiff ist es jetzt doch bedeutend kühler. – Abends, beim Sonnenuntergang, ist der Blick vom Dampfer aus auf das Meer und die Stadt unbeschreiblich schön. Es ist doch etwas ganz Besonderes und Herrliches um diese Tropennächte."

Durch den neuen Panamakanal

Am 28. Juni, vormittags um elf Uhr, erreichen sie Colon. Hier müssen sie zur Weiterfahrt durch den neuen Panamakanal das Schiff wechseln, was sich wider Erwarten als völlig problemlos erweist. "Nach Besuch von verschiedenen Agenturen, nehme ich Billet für 'Paleva', die im Hafen ganz in der Nähe der 'Stuyvesant' liegt und schon morgen früh nach dem Süden geht. Das Gepäck wird von dem einen Schiff zum anderen gebracht, und nachmittags um 3.30 gehen wir schon an Bord. Kolossal praktisch und einfach, ohne jeden Landaufenthalt.

Nach Unterbringen des Gepäcks und Abschied von den bis hierher Mitgereisten, gehen Herr Schmidt – ein Deutscher, der mit uns weiterfährt – und ich in die Stadt, um Einkäufe zu machen. Colon ist schön angelegt, modern – und gesund! Früher war es das gefürchtetste Fiebernest. Ich kaufe einige Panamahüte und Kleinigkeiten für das kommende Weihnachtsfest oben in Araca. Deshalb werde ich hier nicht aufzählen, was ich kaufte. Denn ich bin überzeugt, daß mein geliebtes Weib, Li genannt, diese Zeilen lesen wird, um das Weihnachtsgeheimnis zu entschleiern."

Am nächsten Morgen wollen Ed und Li zusammen noch einen Bummel durch die Stadt machen, flüchten aber wegen der großen Hitze schnell wieder an Bord. Um zehn Uhr läuft das Schiff aus. "Der Hafen ist großartig angelegt, großzügig, echt amerikanisch. Geld hat dabei keine Rolle gespielt. Etwa ein Dutzend Piers mit allen Errungenschaften der Neuzeit, Lagerschuppen aus Beton und elektrische Triebwagen. Es dürfte sicher nicht übertrieben sein, wenn ich behaupte, daß dieses Werk der Yankees das größte technische Werk der Welt ist. Es ist jedenfalls das bei weitem Interessanteste, was ich je gesehen habe. [Baubeginn 1906, Eröffnung 1914; C.M.] Es ging gleich in die Schleusen, die den Dampfer 3x10 Meter hochheben. Er wird von 4 kleinen elektrischen Zahnradbahnen gezogen. Ist er in der Schleuse drin, werden die Tore geschlossen, und von unten aus den Rohren dringt das Wasser in die Schleuse. Es dauert etwa 6–7 Minuten, bis das Schiff die 10 Meter hoch ist, dann wird es von den Wagen in die nächste gezogen. Es ist unmöglich, den Vorgang in allen Einzelheiten zu schildern. Von den Schleusen geht es in einen großen See, in dem es von Wasservögeln aller Art wimmelt. Der Kanal kann mit abertausend elektrischen Lampen erleuchtet werden, was in der Nacht feenhaft aussehen muß. Die Landschaft ist einzigartig: viel Tropenwald, unterbrochen von kleinen palmenbestandenen Wiesen. Alles ist saftig und frisch grün. Immer wieder fährt man an großen, prachtvoll angelegten Niederlassungen vorbei, die ganz modern und hygienisch sind und wo die Ingenieure, Angestellten und Arbeiter wohnen. Nach Verlassen des Sees wird die Landschaft gebirgiger. Der Durchbruch der Berge hat den Amerikanern die meisten Schwierigkeiten verursacht. Noch jetzt wird dort fleißig gearbeitet. Die Berge werden mit Riesenmaschinen abgetragen, die dort etwa um 150 Meter das Kanalniveau überragen. Immer noch sind hier große Bagger im Einsatz. Wir kommen dann wieder zu 3 Schleusen, durch die wir auf die Höhe des Stillen Ozeans hinabgelassen werden. Nach etwa 6 Stunden passieren wir den Hafen von Panama. Die Stadt macht einen modernen und gepflegten Eindruck. Wir fahren aber gleich weiter an hunderten grünen Inseln vorbei und erreichen bald das offene Meer – von uns freudig begrüßt, weil es endlich etwas kühler wird. Im Kanal herrschte eine Bullenhitze."

Von unerträglicher Hitze in die Kälte

Ohne viel anzulegen, fahren sie an der Küste entlang. Es wird immer kühler und immer langweiliger. Es sind nur wenige Passagiere an Bord, und zu sehen gibt es auch nichts Neues. Das ändert sich erst, als sie nach drei Tagen in dem kleinen Nest "Puna" anlegen und einen Lotsen an Bord nehmen. Der führt sie durch das Flußdelta des "Rio Salado" nach Guayaquil, mitten im Urwald. "Hohe Urwaldriesen säumen das Ufer. Der Fluß ist durchschnittlich 1 km breit und hat viele Abzweigungen. Es ist einfach entzückend schön. Nach einer 4stündigen Fahrt kommen wir nach Guayaquil, dem Hauphafen des Landes, von wo eine Bahn zur Hauptstadt Quito fährt. Der Anblick der etwa 100.000 Einwohner zählenden Stadt ist vom Dampfer aus sehr beeindruckend, da die hell gestrichenen Häuser sich klar gegen den dunklen Wald abheben, die dann am Abend von tausenden von Lichtern erstrahlt."
Am nächsten Tag, beim Bummel mit Herrn Schmidt durch die Stadt, bleibt von der Schönheit wenig übrig. "Von nahem be-

trachtet sieht allerdings alles anders aus. Es gibt nur Holzhäuser und man hat den Eindruck, sich in einer Kinostadt zu befinden, die nur eben für eine Aufnahme aufgebaut worden ist."
Die ganze Nacht und den halben nächsten Tag werden, neben anderen Früchten, vor allem Bananen an Bord genommen, dann geht die Fahrt durch einen anderen Arm des Deltas flussabwärts. Als sie am Abend des 5. Juli das offene Meer erreichen, ändert sich nicht nur die Landschaft, sondern auch das Wetter. Es wird kahl und kalt. "Am nächsten Morgen fahren wir an der Küste entlang und können sehr gut die Anlagen und Bohrtürme der Petroleumminen sehen. Es handelt sich um eine italienische und — natürlich — englische Gesellschaft. Es sind tausende Bohrtürme und große Tanker. Das Gebirge zieht sich an der Küste entlang und ist noch sehr niedrig und ohne Vegetation."
Je weiter sie nach Süden kommen, um so kälter wird es. Und kaum fünf Tage, nachdem sie die erste frische Brise freudig begrüßt haben, heißt es: "Es ist lausig kalt. Der Temperaturunterschied in den letzten Tagen ist ungeheuer." Es dauert nicht lange und die Grippe reist mit. Auch die kleine Familie bleibt nicht verschont. Erst hustet Li, dann der Junge und schließlich sind alle krank und bleiben es bis zum Ende der Seereise. Dazu kommt richtig schlechtes Wetter. "Das Meer ist sehr unruhig, sodaß der Kahn doll schlingert. Bei Tisch sieht man die berüchtigten Schlingerleisten. [Diese werden bei starkem Wellengang an den Tischkanten angebracht, damit das Geschirr nicht herunterrutscht. C.M.] Die Häfen, die angelaufen werden, reizen nicht zum Landgang, sie sind klein, unbedeutend und öde, wie die ganze Landschaft."
"Die Gebirge kommen näher und werden höher. Im Hintergrund sieht man in den Dunstwolken schon die Kordilleren und sogar vereinzelte Gletscher. Aber alles ist vollkommen kahl." Interessanter sind die Guano-Inseln, die sie passieren. "Sie sind von tausenden Pelikanen bevölkert, die in solchen Mengen auftreten, daß sie zeitweise die Sonne verdunkeln

können. Die Inseln haben groteske Formen. Hin und wieder sind sie von Leuten bewohnt, die vom Abbau des Guano leben, der als wertvoller Dünger weltweit geschätzt wird." Einen Tag später läuft das Schiff San Lorenzo an, die Quarantäne-Insel, "... wo alle Passagiere, die aus einem Hafen mit Fiebergefahr kommen, für 6 Tage in Quarantäne gehen müssen. Man sieht vom Dampfer aus ein großes Hotel. Das ist alles, denn auch diese Insel ist ohne jede Vegetation."

In allen Häfen steigen Passagiere zu, die ein Stück mitfahren, andere verlassen das Schiff. In Callao, dem Hafen von Lima, sind schließlich nur noch zehn Mitreisende an Bord. Dieser Hafen ist neben Colon der einzige große und wirklich interessante. Aber Ed und Li fühlen sich zu angeschlagen von der Grippe, um an Land zu gehen.

Nach einer Woche einer insgesamt ungemütlichen Seereise, erreichen sie am 11. Juli um 12.30 Uhr Mollendo, den letzten Hafen in Peru. Statt bis nach Antofagasta zu fahren, wo sie fünf Tage auf den nächsten Zug warten müssten, haben sie beschlossen, hier auszusteigen. Sie bekommen sogar die Erlaubnis, obgleich sie keine peruanischen Pässe für die Durchreise haben.

In ihrem ersten Brief aus Araca an ihre Mutter schildert Elisabeth dieses An-Land-Gehen: "Trotz ruhiger See war das Ausschiffen einigermaßen schwierig. Vom Dampfer ging es ins schaukelnde Boot. Als wir dann an der Mole ankamen, gab es da keine Treppe. Plötzlich schwebte da ein großer Korbstuhl über uns, sank bis ins Boot hinab, und ehe ich mich's versah, saß der Kofferträger drauf, den Korb mit dem Jungen auf dem Schoß, und schwebte in die Luft. Das Herz stand mir doch etwas still, und ich freute mich, als ich diese Schwebetour auch hinter mir hatte. Aber letzten Endes war es dann doch nicht so schlimm, wie es aussah."

In Mollendo treffen sie die Herren Singelmann und Ewers von der Firma E.E.A. Die versprechen ihnen, sich um das verlorengegangene Gepäck zu kümmern, das inzwischen – wie sie

Ausschiffen in Mollendo

erfahren haben – auf einem Schiff hinter ihnen her reist. Im Haus der Familie Ewers verbringen sie einen anregenden und gemütlichen Nachmittag, bevor sie am nächsten Tag weiterreisen.

"Morgens Billet nach La Paz und Gepäck zur Bahn besorgt. Um 12 Uhr mittags Abfahrt im Salonwagen nach Arequipa. Man genießt lange Zeit die Aussicht auf das Meer, aber die Berge sind auch hier vollkommen kahl. Um 6 Uhr abends kommen wir an und fahren mit dem Auto ins Hotel, wo wir gut aufgehoben sind. Am nächsten Tag Bummel durch die Stadt. Sie liegt 2.300 Meter ü.d.M. am Fuß des Berges Mirti, eines erloschenen Vulkans, und macht einen sehr guten und sauberen Eindruck. Die Plaza mit der Kathedrale wirkt direkt vornehm. Es gibt sehr viele große alte, spanische Häuser. Um 10 Uhr zur

Präfektur, wo man mir enorme Schwierigkeiten wegen der fehlenden Pässe macht. Vom deutschen Konsul muß ich mir ein Zertifikat über meine Unbescholtenheit etc. ausstellen lassen. Damit und mit Hilfe eines guten Trinkgeldes bekomme ich dann sofort das Paßvisum."

– Hier endet Eds Reisetagebuch und es beginnen wieder Elisabeths Briefe an ihre Mutter. – Zwei Tage in Arequipa sollen ihren Sohn langsam an die Höhe gewöhnen. Dann geht es weiter am Titicacasee vorbei nach La Paz, wo sie knapp eine Woche bleiben.

"Wenn es dort nicht so scheußlich kalt gewesen wäre, hätte unser Aufenthalt sicher länger gedauert, denn es sind augenblicklich viele Deutsche, auch Damen, dort, die gerade von drüben gekommen sind. Wir fahren am Freitag, den 22. Juli, ab per Bahn. Dann am nächsten Morgen in einem prachtvollen Auto auf wunderbaren Wegen weiter, bis wir unsere Tiere trafen. Dann ritten wir 4 Stunden bis zu einer Mine, wo wir großartig aufgenommen wurden. Da es in der Nacht stark gefroren hatte, konnten wir am Morgen erst um 8 Uhr weiterreiten, als die Sonne kam, und waren abends um ½ 6 Uhr hier.

Hans Lutz wurde wieder im Korb getragen, der auf der ganzen Reise eine große Erleichterung war. Dabei wechselten sich 4 Indianer ab. Anfangs war er ihnen recht schwer, aber als Ed ihnen eine Belohnung versprochen hatte, wenn wir pünktlich ankämen, liefen sie so schnell, daß unsere Mulas meist weit zurückblieben. 2 Berge von 5.000 Meter haben wir passiert, der Junge hat aber nichts von der Höhe gemerkt. Im Gegenteil, er hat jetzt immer rote Backen, die ihm auf der Reise fehlten. Auf der letzten Höhe erwartete uns Herr Bengel mit den Hunden. Als wir ankamen, standen alle Angestellten zur Begrüßung bereit. Ich habe zum Empfang schon 74 Eier und 2 Hühner geschenkt bekommen." Diesen Brief schreibt Elisabeth zwei Tage nach ihrer Ankunft, und sie fährt fort: "Heute abend ist großes Essen, das ein Angestellter gibt. Hier, wie auch in La Paz, gab es Sekt, ein Zeichen, daß die Freude über unsere Ankunft groß sein muß. Alle bewundern natürlich unseren Jungen. Ringsum krabbelt es von braunen Babys, sodaß ich immer horchen muß, welches von denen, das gerade weint, vielleicht unseres ist. Nachts haben wir 10° Kälte, aber morgens in der Sonne ist es dann direkt heiß, sodaß Hans Lutz immer draußen stehen kann. – Auf unser großes Gepäck werden wir leider noch etwas warten müssen, aber dann haben wir wieder eine neue Freude. [...] Dem Jungen bekommt die Höhensonne recht gut. Er wächst so, daß ich bald anfangen muß, neue Kleidchen für ihn zu nähen. Unentbehrlich sind die Strümpfchen von Dir. Ein Paar ist schon zu klein. Auch über das Fell freue ich mich täglich. Da ich das Federkissen noch nicht habe, habe ich ihn auf der Reise direkt darin eingewickelt."

Berg mit Mine im Vordergrund

Familienleben in 4.300 Meter Höhe

Die Mine wächst

Fast zwei Monate sind sie unterwegs gewesen. "Wir sind, wie Du Dir denken kannst, unendlich froh, daß wir die lange Reise hinter uns haben und fühlen uns jetzt hier doppelt wohl. Mit dem Jungen war es im Ganzen dann doch nicht so schlimm, wie wir befürchtet hatten." Der ist inzwischen vier Monate alt und hat erstaunlicherweise überhaupt keine Schwierigkeiten mit der extremen Höhe. Im Gegenteil, sie scheint ihm sogar ausgesprochen gut zu bekommen.

In den ersten Tagen gibt es natürlich viel zu tun. Hilfreich ist auch hier wieder Freund Bengel, der sie an den ersten beiden Abenden zum Essen einlädt, sodass sie die Hände zum Aus-packen und Einräumen frei haben. Es dauert nicht lange, und der Tag verläuft wieder in geordneten Bahnen. Elisabeth ist im wahrsten Sinne des Wortes "nach Hause" gekommen und Araca ihre Heimat geworden. Ihr großes Heimweh ist gestillt. "Es scheint mir hier jetzt alles viel netter, weil die Erinnerung an Deutschland und an Euch alles verschönt."

"Augenblicklich habe ich hier allerlei Abwechslung, d.h. Arbeit. Wenn Ed am Sonnabend zur Jagd reitet, wollen Feliciano und ich das Badezimmer neu tapezieren. Morgen wird Leberwurst gemacht und als Versuch eine Mettwurst. Ich habe mir neulich eine Räucherkiste eingerichtet, habe auch schon Rauchfleisch hergestellt, und nun will ich es mit dem Schinken versuchen. Zur abendlichen Unterhaltung spielen wir jetzt 2x in der Wo-che Skat. Herr Bengel und ich verlieren freilich noch immer, aber es ist ganz interessant."

Die wichtigste und schönste Abwechslung in ihrem Alltag bringt der Posttag. Einmal in der Woche kommt der Briefträ-ger aus La Paz zu ihnen nach Araca und bringt die ersehnten Nachrichten aus der fernen Heimat. – Oder auch nicht! Wenn wieder mal nichts dabei ist, was oft genug vorkommt, ist das manchmal schwer auszuhalten, braucht die Post aus Deutschland doch sowieso schon mindestens sechs Wochen, bis sie bei ihnen ankommt.

Dazu schreibt Ed an seine Schwiegermutter: "Nachdem wir fast 2 Monate [!] lang nichts von Dir gehört hatten, kommen jetzt wieder regelmäßig Briefe von Dir an. Wahrscheinlich sind viele Briefe verlorengegangen. Die Verbindung nach drüben funktioniert im Allgemeinen recht gut, leider hat dafür die Sicherheit sehr nachgelassen. So haben wir z.B. schon seit vielen Wochen keine Zeitschriften mehr bekommen, immer ein sicheres Zeichen für uns, daß viele Post einfach verschwindet. Hier in Südamerika sind Streiks der Eisenbahner und Postangestellten inzwischen auch schon an der Tagesordnung: ein 'liebes Geschenk' der 'Kulturvölker' Europas. Eingeschriebene Briefe kommen am sichersten an, d.h. auch nur dann, wenn sie gut und stark verpackt sind. Was sich auch für einfache Briefe empfiehlt. Sonst kommen sie, wenn überhaupt, vollkommen demoliert hier an."

Am 17.11.1921 schreibt Elisabeth dazu: "Heute hatten wir nicht einmal Zeitungen, die vermissen wir immer ganz besonders. Man möchte so gerne wissen, wie es in Deutschland aussieht. Es scheint, als ob es dort immer weiter bergab ginge, besonders, wenn man den Kurs beobachtet. Für 1 Boliviano bekommt man inzwischen 52–54 Mark [einen Monat später waren es schon 60 Mark; C.M.]. Da ist es natürlich verlockend für uns, noch Mark zu kaufen, aber man weiß ja nicht, wohin das noch führen wird. Das Schlimmste ist, daß die Lebensmittel bei Euch so enorm im Preis steigen werden. Da werdet Ihr wohl wieder einen schlimmen Winter vor Euch haben. Hoffentlich kannst Du Dich trotzdem einigermaßen pflegen."

Ganz unglaublich erscheint ihr, dass eine Briefmarke inzwischen vier Mark kostet. Sie meint, alle Deutschen sollten in eine Art Briefstreik treten und nicht mehr schreiben, dann wäre die Post gezwungen, mit den Preisen wieder runterzugehen. In der Abgeschiedenheit ihrer Welt kann sie natürlich nicht ahnen, dass die Entwicklung, die die Teuerung annimmt, mit solchen Aktionen längst nicht mehr aufzuhalten und Vorbote der großen Inflation ist, die 1923 Deutschland in den wirtschaftlichen Ruin treiben wird.

Auch die Mutter in Göttingen ist in Sorge um das Wohlergehen der Tochter und deren Familie in diesem großen, ihr so fremden Südamerika. Im gleichen Brief vom 17.11.1921 versucht Elisabeth, die Ängste ihrer Mutter zu zerstreuen.

"Wegen Typhus brauchst Du keine Angst zu haben. Die Gefahr ist hier oben in der bazillenfreien Luft sehr gering. Nur einmal, vor gar nicht langer Zeit, wurde die Krankheit hier eingeschleppt. Von den 15–20 Kranken sind nur 3 oder 4 gestorben. Zu denen gehörte allerdings unglücklicherweise die Frau von Eds damaligen Mitarbeiter – meines Trauzeugen Remé. Schlimmer sind die Pocken, die z.Z. in Chile herrschen. Täglich sollen allein in Santiago etwa 200 Menschen sterben. In Colon kam eine englische Kommission aufs Schiff, die die Atteste prüfte. Und einige Passagiere mußten sich tatsächlich gleich an Bord gegen Pocken impfen lassen. Ich bin froh, daß wir das bei dem Jungen noch in Deutschland haben machen lassen."

Der ist inzwischen dreiviertel Jahr alt und sorgt täglich für Abwechslung ganz anderer Art. Er entwickelt sich prächtig und hält seine Eltern auf Trab. Kurz vor Weihnachten, es ist der 22. Dezember 1921, schreibt Elisabeth: "Hans Lutz wird jeden Tag strammer. Man muß schon gehörig aufpassen, daß er keine Dummheiten macht. Im Wagen steht er nur noch, sitzen ist ihm zu langweilig. Ich stelle ihn zwischen Fensterbank, Tisch und Sofa, damit er nicht rausfallen kann. Aber er stellt ein Beinchen auf den Tisch und versucht, sich da einen Weg zu bahnen, oder er klettert halb auf die Fensterbank und ißt Blätter und Erde. Wenn man ihn auf den Teppich legt, ist er im Augenblick unter dem Tisch durchgekrabbelt."

Ein Jahr ist vergangen, seit Ed und Elisabeth zu ihrer Deutschlandreise aufgebrochen sind. Es ist der 22. Dezember, ihr zweiter Hochzeitstag, und zum ersten Mal bereitet Elisabeth das Weihnachtsfest in Araca vor. "Ich habe schon eine große Büchse voll Weihnachtskuchen, aber so ganz zu meiner Zufriedenheit ist das Backwerk nicht ausgefallen. Ich weiß nicht, woran es liegt. Vielleicht werden wir sogar einen echten Tannenbaum haben, das wäre das Schönste am Fest. Aber ich war recht traurig, daß heute, mit der letzten Post vor Weihnachten, kein Brief von Dir dabei war. Ich hatte mich so sehr auf Weihnachten gefreut, und nun fehlt mir was." Zum Glück hat Elisabeth keine Zeit, lange trüben Gedanken nachzuhängen. "Mit den Weihnachtsvorbereitungen bin ich so ziemlich fertig, aber ich bin auch sonst noch sehr fleißig gewesen: Denn mit dem Sommer beginnt die Einmacherei. Es gibt Obst und Gemüse im Überfluß. Es macht viel Spaß, wenn man die Speisekammer voller Gläser hat, allein mit Aprikosen habe ich schon fast alle voll. Wenn sich die Sachen nur halten! Ich weiß eigentlich nie genau, wie ich alles machen muß."

Besuch von Frau Köppen und Fräulein Schreiber

Das Fest ist vorüber und das Jahr 1922 beginnt mit Besuch aus Antofagasta. Damit kommt Geselligkeit und Abwechslung ins Haus. Elisabeths Freundinnen, Frau Köppen und Fräulein Schneider, ihre Nachfolgerin in der Schule, werden ihre ganzen Sommerferien bei ihnen verbringen. Platz genug ist vorhanden, denn im seitlichen Anbau ihres Hauses befinden sich außer den Dienstbotenwohnungen und einem Billardzimmer auch solche für die Gäste. Ed schreibt: "Da das Wetter außerordentlich günstig war, konnten viele Ausflüge gemacht werden, sodaß die Damen fast die ganze Umgebung von hier kennengelernt und das Wesentliche gesehen haben.

Dia del Campo

Es wurde in den Wochen viel gefeiert. Selbst die hiesigen Angestellten haben den Besuch zu einem 'Dia del Campo' eingeladen, einem Fest im Freien mit Hammel am Spieß. So haben die Damen recht nette Ferien verlebt, und für Elisabeth war es natürlich eine ganz besondere Freude. Es hat ihnen so gut gefallen, daß sie ihre nächsten Ferien auch wieder hier verleben wollen." Und Elisabeth schreibt: "In diesen letzten Wochen habe ich recht gemerkt, wie angenehm es ist, wenn man ein bißchen Gesellschaft hat. So werde ich meinen Besuch sehr vermissen." Es ist der 17. Februar: "Heute wird mir die Zeit zum Schreiben etwas knapp. Morgen reiten die zwei ab, da muß ich für Proviant sorgen und alles zusammenpacken. Heute abend kommen die beiden deutschen Herren [Herr Bengel und der weniger erwähnte Herr Asch; C.M.] zum Abschiedsessen. Dazu müssen auch noch einige Vorbereitungen getroffen werden. Es gibt: Lachs in Gelee nebst gefüllten Eiern und Tomaten, danach Zungenragout und gekochten Schinken, zum Nachtisch Schokoladenpudding. Du siehst, wir leben nicht schlecht."

Die Freundinnen sind abgereist, beziehungsweise geritten, und der Alltag läuft wieder in seinen alten Gleisen. Wenn Elisabeth auch schreibt: "Bei uns ist es jetzt wieder ruhiger geworden: Besuch fort, Karneval zu Ende, und somit hört die Feierei wohl allmählich auf", so fehlen die Freundinnen ihr doch sehr. Das Zusammensein bestand ja nicht nur aus Ausflügen und Feiern, sondern vor allem aus dem täglichen Miteinander, sich unterhalten, austauschen, planen, arbeiten. "Schade, daß ich nicht immer jemanden hier habe, die ich um Rat fragen kann. 2 Blusen habe ich mir gemacht, und weil Frau Köppen sie mir anprobieren konnte, sitzen sie sehr gut. Ich würde mir so gern auch Röcke und Kleider nähen, denn ich habe mit den beiden zusammen ordentlich Spaß am Nähen bekommen."

Auch gestickt wird gemeinsam, Decken und Deckchen, vor allem Weißwäsche. Manches haben die Freundinnen aus Antofagasta mitgebracht, das dann zusammen fertig gearbeitet wurde. Aber manches bekommt man weder in Chile noch in La Paz. Da muss die Mutter in Deutschland wieder einmal aushelfen. "Einen Wunsch habe ich nun doch, wenn Du auch eigentlich nichts mehr schicken willst. Ich möchte so gerne eine große Schablone für Überschlaglaken haben. [Das sind dünne Metallblätter, mit deren Hilfe man Muster für Blatt- und Lochstickereien auf Wäsche zeichnet. C.M.] Ich brauche neue Bettwäsche, und die möchte ich gern gleich nett machen, denn jetzt habe ich sicher mehr Zeit dazu als später. Die sind ja nicht so wertvoll, wenn sie verlorengehen unterwegs."

Auch die "Einmacherei" macht weiterhin viel Spaß. "Kürbis süß-sauer mit Ingwer und Quittenbrot gelingen vorzüglich." Und im Hof bekommt der Viehbestand Zuwachs. Zu Hühnern und Enten kommt nun auch eine Kuh mit ihrem Kalb. "Ein fürchterlich mageres Tier. Aber wir werden es schon herausfüttern, und immerhin gibt es nun täglich so an die 2 Liter Milch. Der Junge will auch nichts anderes essen als Milchsuppe. Er hat einen schrecklichen Dickkopf. Wenn die Suppe mal nicht genug Zucker und Zimt hat, brüllt er und krümmt sich und ißt keinen Löffel. Auch in Wirklichkeit hat er wohl einen ziemlich harten Kopf, denn wenn er ihn aus Versehen stößt, wiederholt er das mit Absicht wohl an die 10 Mal, so gut gefällt ihm das. Frau Köppen hat neue Schuhe für ihn geschickt, und nun will er nur noch laufen. Eben ist er bis zur Oficina gestrampelt. Ich bin froh, wenn er erst richtig alleine laufen kann, er wird mir fast schon zu schwer zum Tragen, und das Mädchen hat auch nicht immer Zeit. Ende Juli kommt übrigens Nr. 2 – ein Mädchen –, wie wir hoffen. Ed wird Dir dann über Becker in Hamburg ein Kabel schicken."

Es ist der 3. März, und Elisabeth ist im fünften Monat schwanger. Warum erzählt sie erst jetzt ihrer Mutter – fast nebenbei – diese so wichtige Neuigkeit, lässt sie diese doch sonst in ihren wöchentlichen Briefen an ihrem Alltag teilhaben? Fürchtet sie die besorgte Reaktion ihrer Mutter, oder will sie alles so weit geplant und geregelt haben, dass diese gar keinen Anlass zu Sorgen und Beunruhigungen findet. "Wenn es eben geht, werde ich hier bleiben und nicht nach La Paz reisen. Aber bisher habe ich noch keine Pflegerin, denn die deutsche, auf die ich mich verlassen hatte, hat gerade geheiratet. Es kann auch sein, daß ich nach Tanapaca gehe, da es doch schon bedeutend tiefer liegt und deshalb gesünder ist. Ich weiß es noch nicht. Schade, daß Göttingen so weit weg liegt."

Alles in allem sieht Elisabeth der Geburt einigermaßen gelassen entgegen. Entscheidend ist, dass es jetzt in Araca nicht nur ein Hospital gibt, sondern sogar einen Arzt. "Wir haben einen netten, anscheinend auch sehr tüchtigen Arzt hier. Das ist uns natürlich eine sehr große Beruhigung. Heute kam er sogar und wollte August, unseren Hund, operieren, der am Sonntag beim Scheibenschießen eine Kugel in den Hals gekriegt hatte. Gestern fürchteten wir noch, daß er eingehen würde, aber heute sprang er schon wieder so lustig umher, daß die Operation nicht mehr nötig war."

Der erste Geburtstag von Hans Lutz

Was ihren kleine Sohn angeht, so wird der immer anspruchsvoller. "Hans Lutz ist ein rechter Strick geworden und leider so verwöhnt, daß er keine Minute allein bleibt. Ich muß ihn den ganzen Tag rumschleppen und komme zu nichts. Nun habe ich mir heute einen 12jährigen Jungen engagiert, der morgens mit ihm spazieren geht. Damit habe ich mir den 3. Dienstboten zugelegt, ich hatte es ja auch bisher allzu schwer!!! – Wenn ich denke, wie sich bei Euch manche Frauen ganz allein behelfen müssen oder nur mit 1 Mädchen für das ganze Haus, dann

komme ich mir schon allzu üppig vor. Andrerseits muß man bedenken, daß drüben eine soviel leistet, wie hier zwei."
"Putzelitos 1. Geburtstag haben wir recht nett gefeiert. Nachmittags hatte er große Kindergesellschaft. 7 Kinder aus der Nachbarschaft, die ihm z.T. Kuchen und Blumen mitbrachten. Ich wollte die schwarzen Kerlchen natürlich nicht im Zimmer haben, deckte deshalb draußen den Tisch. Und dann gab's Kakao und Kuchen. Ich glaubte, eine enorme Portion gekocht zu haben, aber im Nu war der Topf leer. Nachher wurden Nüsse und Feigen im Hof versteckt. Das gab großen Jubel, wenn einer etwas fand. Der Junge interessierte sich allerdings wenig für seine Gäste." Elisabeth legt der Großmutter ein Foto vom Geburtstagsfest bei: "Man sieht so nett den Unterschied zwischen unserem weißen Jungen und den kleinen Schwarzen. Die Kinder nennen ihn allgemein den 'Gringerito'." – Gringo ist die Bezeichnung für alle Ausländer und "ito" ist die Verkleinerungsform. – "Da Ostern naht, pußte ich jetzt auch schon die Eier aus, besonders die Enteneier sind schön groß und meine 2 Enten legen jeden Tag."
Zwischendurch gibt es immer wieder Feste, die Abwechslung in den Alltag bringen. "Letzte Woche haben wir mal wieder tüchtig gefeiert. Sonnabend waren wir zur Taufe bei dem Mechaniker eingeladen. Es ging nach hiesiger Mode zu: Um ½ 9 abends gingen wir hin, um ½ 10 h wurde das Baby getauft, ungefähr um 11 h gab es warmes Essen, und als wir danach gleich nach Hause gingen, war es ½ 1 h. Da der Priester einmal hier war, wurde am nächsten Morgen von ihm in einem feierlichen Akt das Hospital eingeweiht, das vor kurzem vergrößert worden ist."

Anerkennung von der Firmenleitung

Die Minengesellschaft lässt eine richtige Fahrstraße nach Araca bauen – eine ganz wichtige Angelegenheit. "Ich kann vom Fenster aus die Arbeit beobachten und sehe mich schon im nächsten Jahr hier stehen und auf das erste ankommende Auto warten. Es macht riesigen Spaß, wenn man all die Pläne kennt und die Ausführung verfolgen kann. Dadurch wird sogar hier das Leben abwechslungsreich."

Der alte Reitweg genügt den wachsenden Anforderungen der Mine nicht mehr. Dazu schreibt Ed im Februar: "Meine Arbeiten schreiten jetzt so gut vorwärts, daß ich schon im nächsten Monat mit der Produktion in Mocoya anfangen kann. Die Gesamtproduktion haben wir verdoppelt, d.h. wir produzieren zwischen 5.000 und 6.000 Zentner im Monat."

Nicht nur, dass im März eine neue Mine – Mocoya – in Betrieb genommen wird, sondern fast zur gleichen Zeit wird eine neue Zinnader entdeckt. Elisabeth schreibt: "Ed hat mal wieder große Freude an seiner Arbeit. Kürzlich wurde in einem Stollen, der nach seiner Reise angefangen wurde, Erz gefunden, und bei der Untersuchung stellte sich heraus, daß es 3 % Zinn hatte. Ed war schon stolz, daß sein Instinkt – wie er sagte – ihn richtig geleitet hätte, daß er genau an der Stelle in den Berg eindringen ließ, wo man auf eine Ader treffen sollte. Aber wie selig war er erst, als ihm am nächsten Tag der Obersteiger ein Muster schickte, das 60 % Zinn enthielt, also das reichste Erz, was man überhaupt findet. Das wird einen vorteilhaften Abbau für Jahre sichern."

Ed bekommt dann auch die verdiente Anerkennung für seine erfolgreiche Arbeit von der Minengesellschaft. "Seit Herrn Trepps letztem Besuch ist Ed zum Generaldirektor ernannt. Er ist es eigentlich sowieso schon immer, aber es tut doch gut." Auch von der Direktion aus Santiago/Chile kommt ein lobendes und anerkennendes Telegramm, in dem ihm zu seiner erfolgreichen Arbeit gratuliert wird. "Das macht Ed sehr stolz", zeigt doch diese Würdigung seiner Arbeit von "ganz oben", dass sein Einsatz sich lohnt und es sich auszahlt, dass er mit so viel Engagement und Freude dabei ist.

Aber der Beruf ist nur die eine Seite des Lebens. Denn wenn sein Feierabend beginnt, legt er mit der Arbeitskleidung auch

Ein neuer – sehr ertragreicher – Stollen wird angefangen

die Mühen und Lasten des Tages ab. Er nimmt ein Bad und zieht sich um. Nicht etwa eine gemütliche Hausjacke und Pantoffeln. Nein, zum Abendessen trägt er einen Anzug, Weste, Schlips und Kragen, bis hin zum weißen Einstecktuch in der oberen Jackentasche. Mit dieser korrekten Kleidung bewahrt er sich ein Stück Zivilisation in einer äußerlich unzivilisierten Welt.

In seiner Freizeit widmet er sich seinen Hobbys. Er hat sein Interesse an Briefmarken entdeckt und legt sich nach und nach eine schöne Sammlung an, die er durch Kaufen und Tauschen immer mehr vervollständigt. Seine Frau unterstützt ihn nach Kräften dabei: "Ed sammelt eifrig Marken. Von allen Seiten bekommt er welche geschickt und hat schon fast 1.000 verschiedene, z.T. sehr wertvolle, alleine von Südamerika. Wenn Du mal was Besonderes hast, denk' an Ed und schicke sie ihm, Europa, vor allem Rußland, Norwegen und Schweden sind in seiner Sammlung noch gering vertreten." Diese Freude an seinen Briefmarken ist ihm sein ganzes Leben lang geblieben.

Seine größte Leidenschaft aber gilt nach wie vor der Jagd. In der Umgebung von Araca und Tanapaca schießt er hauptsächlich Viscachas – Berghasen – und Tauben. Von Wochenendausflügen bringt er dann auch anderes Wild mit nach Hause, alles ist immer eine willkommene Abwechslung für die Küche. Wenn es seine Zeit erlaubt, macht er auch schon mal mit dem einen oder anderen Freund weitere Jagdausflüge von mehreren Tagen in die Yungas oder den Dschungel. "Ed ist schon seit gestern früh für 5 Tage mit H.B. unterwegs. Sie haben alles, was sie brauchen, mitgenommen: außer 2 Indios Zelte, Betten, Kochtöpfe und einen Haufen Konserven. Wir hoffen sehr, daß sie einige Hirsche und vielleicht sogar einen Bären zur Strecke bringen."

Der einzige in Südamerika heimische Bär ist der Brillenbär, der etwas kleiner als der Braunbär und durch eine weiße Zeichnung um die Augen gekennzeichnet ist. Bei diesen Jagdausflügen bleiben sie nicht immer von dem einen oder anderen Abenteuer verschont. So schlagen sie eines Abends an einem Flussufer ihr Nachtlager auf. Ein Feuer wird entzündet, das Essen gewärmt, und alle freuen sich auf einen erholsamen Schlaf. Da beginnt mit einbrechender Dunkelheit ringsum ein eigentümliches und unheimliches Konzert: Überall knistert und klappert es – Klapperschlangen! Vorsichtig nehmen sie ihre Maultiere am Halfter und führen sie in den zum Glück seichten Fluss. Bald finden sie eine Art Insel aus Geröll und Sand, auf der sie Halt machen und sehnsüchtig den Tag erwarten. Mit Sonnenaufgang ist der Spuk vorbei. Sehr schnell laden sie ihr Gepäck auf und verlassen diesen ungastlichen Ort. Gesehen haben sie keine Schlange – aber gehört! Und das hat genügt.

Die neu verglaste Veranda in Tanapaca

1922 – Tanapaca und Geburt des zweiten Kindes

Weiterhin verbringt die Familie ihre Wochenenden, wenn es sich irgend einrichten lässt, in Tanapaca. Nach einem einstündigen Ritt bergab kommen sie aus dem oft öden und kalten Araca in eine warme und blühende Landschaft. "Hier herrscht ein wunderbares Klima." Seit Jahresbeginn wird alles erneuert und verschönt. Ed schreibt an seine Schwiegermutter: "Wir bauen jetzt eifrig an unserem Haus in Tanapaca, das vollkommen renoviert wird. Wir bekommen vor unsere 2 Wohnzimmer eine hübsche Veranda mit Blick auf den Garten und den Illimani. Auch die Küche wird instand gesetzt." Und Elisabeth ergänzt: "Ed hat 2 Liegestühle mit Fußschemeln arbeiten lassen – wie eine Chaiselongue. Sie sind so bequem, daß man gar nicht mehr herausfindet. Obgleich jetzt im Juni eigentlich Winter ist, haben wir sonnige Sommertage und sind den ganzen Tag draußen auf der Veranda. Nur morgens vor 9 h, ehe die Sonne aufgeht, ist es kalt. Da schläft man eben lang. Putzele mag auch gern hier sein. Nach unserer Ankunft ist er die erste Stunde verschwunden. Touchard, ein neuer Mitarbeiter, der in Tanapaca wohnt, nimmt ihn mit. Dann ist er zufrieden. Der Junge liebt die Männlichkeit. Wenn er so brüllt, daß ich nicht mehr weiß, wie ich ihn beruhigen soll, gebe ich ihn dem Feliciano, und schon ist er zufrieden. Herr Bengel darf sich gar nicht blicken lassen, sonst muß er erst mit ihm eine Runde durchs Haus machen."

Nach manchem Hin und Her ist es beschlossene Sache, dass Elisabeth ihr zweites Kind in Tanapaca zur Welt bringen soll. "Ed will es so, da das Klima dort unten besser fürs Herz ist." Anfang Juli ist es soweit. Elisabeth übersiedelt mit Hans Lutz und zwei Hausmädchen für einige Wochen in ihr Ferienhaus. Etwa zur gleichen Zeit trifft auch die Schwester aus La Paz ein, die sechs Wochen bleiben soll. Die Telefonleitung, die Ed von Araca aus dorthin hat verlegen lassen, ist rechtzeitig fertig geworden. So ist alles bereit und bestens geregelt, dass Elisabeth sich wohlfühlt, und sie beide beruhigt dem Geburtstermin entgegensehen können. Auch Elisabeths Stoßseufzer zu Anfang ihrer Schwangerschaft: "Ich wollte, ich könnte in dem gemütlichen Zimmer in Göttingen bei Schwester Lene liegen", ist vergessen. Wo wäre sie besser umsorgt als hier? Schon eine Woche vor dem Geburtstermin verbringt der Arzt jede Nacht bei ihr, und in Araca hält nachts ein Junge am Telefon Wache, damit Ed sofort benachrichtigt werden kann. Das klappt auch bestens. Als am 26. Juli abends um zehn Uhr der ersehnte Anruf kommt, macht Ed sich sofort auf den Weg. Aber es ist stockfinstere Nacht, und das Mula scheut und ist nicht bereit, einen Schritt zu gehen. Was bleibt dem glücklichen Vater anderes übrig, als den ganzen Weg nach unten zu Fuß zu laufen. Und nicht nur für das Maultier, auch für ihn ist die Nacht stockfinster!

Kabel gehen nach Göttingen und Krefeld und zeigen die glückliche Geburt eines Mädchens an. Den ersten Brief an seine

Schwiegermutter schreibt Ed eine Woche später, als sich die Sorge um die junge Mutter gelegt hat. "Leider hatte sie kurz nach der Geburt sehr starken Durchfall und über 38° Temperatur. Sie hatte eine Grippe schon längere Zeit im Körper, die kam bei der Gelegenheit zum Ausbruch. Ich bin nun die ganzen Tage unten gewesen und habe darauf geachtet, daß in der Pflege nichts versäumt wird. Trotzdem Elisabeth in den fast 8 Tagen nichts essen durfte, nur alle 3 Stunden eine Tasse Milch, ist sie nicht allzu geschwächt und darf in den nächsten Tagen wieder aufstehen, denn seit gestern ist die Grippe endgültig vorbei. Der Arzt ist sehr zufrieden, daß die unselige Grippe kein größeres Unheil angerichtet hat."

Dazu Elisabeth einige Tage später: "Der Arzt und die Schwester waren sehr tüchtig und nett. Sie haben einen Umstand gemacht, als wenn ich mindestens die Prinzessin von Java wäre. Nur haben sie mich eine Woche hungern lassen. Jetzt werde ich umso mehr verwöhnt und gepflegt. Dadurch habe ich mich auch schnell wieder erholt. Endlich haben sie mich heute aufstehen lassen; ich bin bei herrlichem Sonnenschein im Garten spazieren gegangen und habe auf der Veranda gelegen. Da sie inzwischen an einer Seite mit Glas geschlossen ist, können wir ohne Windzug dort sitzen. Sogar das Baby ist schon draußen. Es ist vorläufig ein kleines häßliches Geschöpfchen, aber die Schönheit wird schon noch kommen."

Der stolze Vater kommentiert diese Frage drastischer: "Wir finden die Ingeborg, so soll das kleine Mädchen heißen, ziemlich häßlich, und wir fürchten schon, daß sie später mal keinen Mann bekommen wird." – Aus dem hässlichen Baby wurde dann aber sehr bald ein charmantes, hübsches Kind.

Um Hans Lutz konnten sich in diesen aufregenden Tagen weder die Mutter noch die Schwester kümmern. Er blieb den Mädchen überlassen, was ihm ganz gut bekommen ist, denn er ist in den zwei Wochen ordentlich dick geworden, was ihm gut tat. "Ich habe zwei nette, tüchtige Mädchen, und wenn am Ende der Woche die Schwester abreist, komme ich mit ihnen gut zurecht, denn ich bleibe natürlich noch ein paar Wochen hier unten. Ich freue mich darauf, wieder allein, d.h. mit ihrer Hilfe, wirtschaften zu können." –

Gut erholt kehrt Elisabeth mit ihren Kindern nach Araca zurück und ist gleich mittendrin im Alltag. Während ihrer Abwesenheit hat Ed mit der Renovierung der Wohnung begonnen, ist aber längst nicht fertig geworden. So muss die Familie noch eine ganze Zeitlang in einem Provisorium leben – immer wieder in einem anderen Zimmer.

"Die Teppiche habe ich alle draußen auf der Pampa mit Wasser und Seife schrubben lassen. Allein mit Klopfen ging der Dreck nicht raus." So vergehen einige Wochen, bis Elisabeth schreiben kann: "Heute ist unser Haus endlich fertig und der letzte Handwerker raus. Wir sind sehr zufrieden. Jedes Zimmer hat eine andere Farbe. Es gibt hier prachtvolle schwere Wollstoffe in allen recht bunten Farben, den die Indianerinnen für ihre Röcke gebrauchen und wir eben für unsere Vorhänge: im Wohnzimmer rot, im Jagdzimmer grün, im Schlafzimmer orange und bei den Kindern blau. Abends, wenn alles zugezogen ist, wirkt das sehr gemütlich. Wir sagen jetzt nicht mehr Eßzimmer, sondern Speisezimmer, da wir finden, daß das Wort der Eleganz des Zimmers angepaßt werden muß. Am meisten freue ich mich über den neuen Schreibtisch mit sehr vielen Schubfächern, den Ed mir arbeiten läßt."

Es ist der 19. Oktober, Ingeborg ist knapp ein Vierteljahr alt, Hans Lutz sitzt in der Küche und spielt mit Jorge, Felicianos Sohn. Das Wetter ist so schlecht, dass die Kinder kaum raus können. "Es scheint, als ob die Regenzeit schon anfangen wollte. Wir hatten in den letzten Wochen oft starke Stürme, und heute ist alles grau in grau. Das Wetter ändert sich von einem Augenblick zum anderen." Um der Tristesse etwas zu entgehen, lädt Elisabeth die Frau vom Mechaniker und die Frau vom Kaufmann ein. "Ich werde jetzt öfter solche Tees geben. Das ist hin und wieder ganz nett, man sitzt doch nicht immer so allein."

Viel Auswahl an weiblichen Bekannten hat sie hier oben ja nicht. So sind diese beiden die einzigen Frauen, mit denen sie etwas näheren Kontakt hat. Allerdings scheinen sie gesellschaftlich nicht ganz ebenbürtig zu sein, warum sonst werden sie nicht mit ihren Namen genannt, sondern über die Berufe ihrer Männer definiert. Aller Wahrscheinlichkeit nach sind sie Mestizinnen, und darum setzt Elisabeth Anführungszeichen, als sie ihrer Mutter schreibt: "Ich habe 2 'Damen' zum Tee eingeladen." Diese gelegentlichen gemütlichen Teestunden werden bald noch schöner sein, da sie dann zu viert sein werden. Denn dann wird Fräulein Schreiber als Frau von Herrn Bengel daran teilnehmen. Während deren Ferien in Araca haben sie sich kennengelernt und sind in Kontakt geblieben, sodass Elisabeth schon im Juni schreibt, die beiden hätten sich verlobt. Viel gesehen haben sie sich bei der Entfernung in all den Monaten sicher nicht – wenn überhaupt. Erst am 4. Oktober heißt es endlich: "Gestern abend ist Herr Bengel als glücklicher Bräutigam aus Antofagasta zurückgekommen."

So beginnt 1923 mit einer Hochzeit! Nach Beendigung des Schuljahres in Antofagasta übersiedelt Fräulein Schreiber – genau wie Elisabeth drei Jahre zuvor – von dort nach Araca und macht den scheinbar ewigen Junggesellen Bengel zum glücklichen Ehemann. Und Elisabeth ist froh, dass sie eine deutsche Frau in ihrer Nähe hat. – Das ist der Anfang eines ereignis- und abwechslungsreichen Jahres. Vorbei ist es mit der Einsamkeit und der Eintönigkeit.

Da die Mine ständig erweitert und ausgebaut wird und neue Minen hinzukommen, ist die Arbeit für Ed und Herrn Bengel allein nicht mehr zu schaffen. Neue Mitarbeiter werden eingestellt. Der Erste ist ein Schwede, der Malmros heißt. Der hat ein neues Verfahren zur zusätzlichen Zinngewinnung entwickelt, das Elisabeth ihrer Mutter so beschreibt: "Beim Waschen des Zinns geht sehr viel verloren, weil soviel mit dem Wasser fortgeschwemmt wird. Da Metall schwerer ist als Sand, setzt es sich am Uferrand ab. Nun läßt Malmros den ganzen Flußsand nochmals durchwaschen von der Aufarbeitung an bis nach Calachaca [½ Std. von hier entfernt; C.M.] und hofft, dadurch monatlich etwa 1.000 Zentner Zinn zu gewinnen. Dafür muß er Maschinen anschaffen und Häuser bauen." Und schon bald wird klar, dass diese Arbeit unerwartete Ausmaße annimmt und auch Malmros Hilfe braucht. So kommt als zweiter Mitarbeiter der deutsche Ingenieur Schulze auf die Mine. "Er und seine Frau Ragna haben bisher in Bolivien viel Pech gehabt und nirgends Fuß fassen können. Nun sind sie beide so glücklich und zufrieden, hier zu sein. Sie hoffen, daß er jetzt endlich vorwärtskommt und Geld verdienen kann. Da nehmen sie es gern in Kauf, daß sie zunächst noch unglaublich beengt wohnen müssen. Sie haben nur 1 Zimmer, wo gerade 2 schmale Betten und 1 Eßtisch Platz haben und eine ganz kleine Küche."

Ed mit Hans Lutz

Die beiden Nächsten, die eingestellt werden, sind zu Elisabeths Leidwesen Junggesellen. Der eine ist ein Däne mit Namen Hofmann-Bang. Der übernimmt den Bau der Straße mit allen dazu gehörigen Arbeiten, Planung, Vermessungen, Bauleitung usw.

Der Zweite ist Eds Corpsbruder mit dem schönen Namen Ziegenbein. Ihn hatte er bei seinem Deutschlandbesuch vor zwei Jahren mehrmals in Hamburg getroffen und dabei erste Vorbereitungen und Überlegungen für seine etwaige Anstellung auf der Mine. Aber Ziegenbein ist erst alles andere als glücklich an seinem neuen Arbeitsplatz. Mehr als jedem anderen machte ihm die extreme Höhe und die so andere Kost zu schaffen. Kopf- und Gliederschmerzen, Übelkeit und Mattigkeit sind die Folgen und lassen ihn oft recht griesgrämig werden. Dass er die fremde Sprache zunächst noch unvollkommen beherrscht, macht alles noch schwieriger. Da sollen ihm ein paar Erholungstage in Tanapaca helfen, das mittlerweile Ferienort für alle Angestellten geworden ist. "Das wird ihm guttun. Da ist er außerdem gezwungen, spanisch zu sprechen."

Auch für Elisabeth ist es mittlerweile immer mehr zur Zuflucht geworden, besonders dann, wenn das nasskalte Wetter über Wochen anhält und ihre Kinder wieder mal den Husten nicht loswerden können. "In Araca schwimmen wir fast weg, und hier, wo der Landmann dringend Regen braucht, ist alles pulvertrocken." Alle möglichen Hausmittel wendet die Mutter an, um ihre Kinder abzuhärten. Sie werden z.B. jeden Tag mit kaltem Salzwasser abgewaschen und zum Fiebersenken in nasse Tücher gewickelt, damit sie ihre Krankheit ausschwitzen. Der Arzt ist immer mit gutem Rat zur Stelle und versorgt sie mit den verschiedensten Tees und allen möglichen Hausmitteln. Der kleine Sohn bekommt zur Kräftigung Lebertran. "Es ist jeden Tag eine Not, ihm die Emulsion einzugeben, ein gräßliches Zeug. Aber es hilft ihm." Der Junge ist ein mageres kleines Kerlchen und ein schlechter Esser. Außerdem ist er äußerst dickköpfig. "Aber wenn er bei den Dienstboten draußen ist, schmeckt ihm deren Suppe mit gefrorenen Kartoffeln bestens, während er bei uns höchstens Fleisch probiert." Die kleine Schwester ist ein freundliches, artiges Baby. Sie staunt mit großen runden Augen in die Welt und lutscht statt am Daumen am großen Zeh. Sonst lässt sie sich mit ihrer Entwicklung Zeit. Noch mit einem Jahr kann sie nur mit Hilfe stehen und hat lange Zeit Angst vorm Laufen. Dabei wird sie – im Gegensatz zu ihrem Bruder – immer dicker. Am liebsten sitzt sie in einer Kiste bei Feliciano in der Küche und schaut ihm fröhlich lachend bei der Arbeit zu. – Die Erinnerung an "ihren Feliciano" hat sie ihr ganzes Leben begleitet.

Li mit Ingeborg und Hans Lutz

Das Ferienhaus in Tanapaca ist natürlich mit allem bestens ausgestattet. Trotzdem ist jeder Aufbruch dorthin mit viel Packerei verbunden. Da auch das Hausmädchen jedesmal mitkommt, macht sich immer eine kleine Maultierkarawane auf

Frau Köppens Tochter Mucki, drei Freunde und Hans Lutz

den Weg. Die kleine Inge wird von zwei Indios im Körbchen getragen. Um ihren Mann braucht Elisabeth sich derweil keine Sorgen zu machen. Er wird bestens von Feliciano versorgt. "Er versichert mir immer wieder, daß er dann sogar besser verpflegt wird, weil er immer seine Lieblingsspeisen bekommt."
In Tanapaca werden sie von dem dort lebenden Touchard in Empfang genommen. "Er nahm mir gleich Inge ab und schleppt sie am liebsten stundenlang herum. Er ist sehr kinderlieb und freut sich, daß er Gesellschaft hat. Er vermißt seine Familie, denn seine Frau ist für einige Wochen mit den 7 Kindern in La Paz, die dort in die Schule gehen. Ich habe ihn heute gleich zum Essen eingeladen." – "Am Abend waren wir in dem ½ Stunde von hier gelegenen Obstgarten. Wir haben die ersten Äpfel für einen Apfelkuchen geholt. Wir haben einen Blumenkohl entdeckt und Salat geerntet. Seit wir aus Deutschland Samen mitgebracht haben, haben wir das ganze Jahr über prachtvollen grünen Salat. Es ist wundervoll, wenn man

einfach in den Garten gehen kann und sich alles frisch holen, was man braucht." – "In meinem Gärtchen am Haus wächst alles ganz üppig. Freilich, von der kunstvollen Anlage mit eingefaßten Beeten und schmalen Wegen ist nichts mehr zu sehen. Alles ist völlig überwuchert von 1½ m hohen Sonnenblumen und Cosmeen. Um einen sauberen, geordneten Garten zu haben, muß man schon regelmäßig darin arbeiten. Aber diese blühende Wildnis ist auch wunderhübsch."

Spaziergang mit Frau Köppen, Hans Lutz und Li

Vorbei ist die Einsamkeit – ständiger Besuch ist Alltag

Im Laufe des Jahres kommt immer häufiger Besuch. Herr Trepp kommt regelmäßig aus La Paz, im Gepäck hat er fast immer große Anerkennungsschreiben der Firmenleitung. Er bringt seine Frau mit und verbindet das Geschäftliche mit dem Privaten. Der Hausfrau macht es großen Spaß, die Gäste zu verwöhnen und sie stellt die leckersten Menüs für sie zusammen. "Du weißt ja selbst, daß sich Besuch am wohlsten fühlt, wenn es etwas Gutes zu essen gibt. Und so freue ich mich, daß unser Essen immer recht gut war. Am 1. Sonntag gab's Entenbraten, der war ganz ausgezeichnet, ebenso wie die Viscachas, von denen Ed und Herr Trepp 4 an einem Nachmittag geschossen hatten, sodaß wir noch Bengels dazu einladen konnten. Trotzdem blieb noch genug für Hasenpfeffer am nächsten Tag übrig. An einem Abend hab ich Pasteten gebacken und mit Austern gefüllt. Dann gab's Hähnchenkeulen, die waren so zart, daß kaum ein Knochen übrig blieb. Und täglich gab's Pudding, den Herr Trepp so gern ißt."
Trepps bringen hin und wieder Gerhard Kyllmann mit, den Sohn der gemeinsamen Freunde in La Paz. Er schreibt in seinem Buch "Das Leben ein Märchen"[6]: "Nach einem 3tägigen Ritt angelangt, durfte ich Berghasen, genannt Viscachas, schießen, mit in die Mine einfahren und überall herumstrolchen. Mit rheinischem Humor erzählte Don Eduardo fesselnd von seinen Erlebnissen, besonders von der Erstbesteigung des Illimani. Ich bewunderte ihn so sehr, daß ich später, seinem Beispiel folgend, in Deutschland Bergbau studierte."
Besuch ist auch eine willkommene Gelegenheit, ein Fest zu feiern: "Mit Bengels zusammen haben wir am Sonntag einen 'Dia del Campo' [eine Art Picknick, s.a. S.127; C.M.] veranstaltet. Es war eine tüchtige Arbeit, für 30 Personen zu kochen. Allein das Kartoffelschälen dauerte fast den ganzen Nachmittag vorher. Um 3 Uhr waren alle draußen versammelt, wo schon 2 Hammel auf dem Rost brieten. Erst gab es Huhn picante –

also in einer ganz scharfen Soße – und anderes Fleisch, dann Hammel. Es war alles richtig gut gelungen. Als es gegen 5½ Uhr draußen zu kalt wurde, gingen wir alle ins Billardzimmer, wo dann getanzt wurde. Frau Trepp hat uns Foxtrott beigebracht. Sogar Ed wagte sich dran und auch Bengels, die bisher gar nicht tanzen konnten."

Ein Spaß anderer Art ist ein "Malon" – ein Überraschungsbesuch. Die ganze Gesellschaft zieht, beladen mit Essen und Getränken, zu ihrem ahnungslosen Opfer und feiert dort ihr fröhliches Fest. Auch Ziegenbein ist eines Abends der solcherart Überfallene. Da es ihm gegen Ende das Jahres besser geht, ist das auch eine Möglichkeit, ihn mit den dort herrschenden Sitten und Gebräuchen vertraut werden zu lassen. "Vielleicht hat ihn die Aussicht auf seine Heirat in bessere Laune versetzt. Seine Frau will Anfang des neuen Jahres [1924] von Deutschland abreisen." Bleibt zu hoffen, dass ihr der Wechsel von Hannover nach Araca leichter fällt als ihm.

Im Juli kündigt zu Elisabeths großem Bedauern ihr nettes und tüchtiges Mädchen. Sie will heiraten. Und gerade jetzt, wo immer häufiger Besuch kommt. Ständig tauchen neue Namen auf: Salisburg, Inslee, oder es ist einfach "ein Engländer" oder "ein Yankee", der kommt. Das Gästezimmer ist oft belegt, und es kann geschehen, dass unerwartet ein oder mehrere Esser sich um den Tisch versammeln. Alle werden immer gerne aufgenommen und sind herzlich willkommen. Aber – es kann auch mal zu viel werden. "Heute sind wir mal allein. Ich bin augenblicklich ganz froh darüber, weil ich nur ein kleines dummes Mädel habe von 14 Jahren, das nichts versteht, sodaß ich immer dabei sein muß und das meiste selber mache. Am liebsten hätte ich mir gleich eine andere gesucht, aber sie tut mir so schrecklich leid, da sie keine Eltern mehr hat und ihre Stiefgeschwister sie nur ausnutzen. Ein schwarzes Hemd hat sie auf dem Leib und einen zerrissenen Rock nebst Bluse. Ob das ½ Dutzend Röcke, die sie darunter trägt, sauberer sind, habe ich noch nicht beurteilen können.

Nun habe ich ihr heute 2 Hemden, 2 Schürzen, 1 Bluse und 2 Bettdecken gekauft und will sie allmählich ausstatten. Wenn sie dann noch nichts taugt, kann ich sie immer noch fortschicken. Zum Glück machen die Kinder augenblicklich wenig Arbeit. Hans Lutz spielt oder tanzt im Hof, und Inge schaut zu. Nur zu waschen gibt's für die beiden noch viel."

31. Oktober: "Eben haben wir die Elena verheiratet mit dem hiesigen Lehrer. Das ist schon die 2. Hochzeit in unserem Haus [die erste war die von Bengels; C.M.], und ich mache mich sehr gut als Brautmutter. Elena war 1 Jahr lang mein Mädchen, ein nettes Ding. Sie ist 17 Jahre alt und der Ehemann 22. Bei uns war freilich nur die Ziviltrauung um 7 Uhr abends. Dann gab es Oporto und belegte Brötchen. Um 8 Uhr gingen sie zum Essen nach Hause. Ich habe eine Portion prachtvolles Mandel- und Schokoladeneis hingeschickt. Wir sind nicht zum Essen gegangen, da sie sich ohne uns wohler fühlen." – Hier gibt es den einzigen Hinweis darauf, dass es in Araca eine Schule gibt, was sonst sollte dort ein Lehrer!

Allerseelen

1. November, Allerheiligen, ein großer Festtag: "Heute ist alles still, es wird nicht gearbeitet. Die Leute sitzen in ihren Häusern und essen. Auch Feliciano ist unterwegs und kann überall mitessen. Morgen, Allerseelen, ziehen alle zum Kirchhof. Jeder nimmt Kuchen mit, und dann wird dort gegessen und

getrunken und – getanzt. Ein seltsames Volk, das nicht nur an Freudenfesten tanzt, sondern anscheinend auch seiner Trauer mit Tanz Ausdruck verleiht."

Indianerfamilie

1923 – Inflation in Deutschland

Das Leben im Hochland von Bolivien ist also längst nicht mehr so eintönig wie am Anfang. Es ist abwechslungsreich und lebendig in Araca geworden. Nach wie vor ist Eds Arbeit so erfolgreich, dass ihm immer wieder von der Geschäftsleitung in Santiago Anerkennung ausgesprochen wird. Aber das Heimweh nach Deutschland wächst und damit der Wunsch, in absehbarer Zeit endgültig in die alte Heimat zurückzukehren. So heißt es schon im Januar in einem Brief: "Ich glaube, daß wir Anfang 1925 hier Schluß machen werden. Wohl befriedigt Ed die Arbeit sehr. Aber wenn er dann 10 Jahre hier ist, genügt das, denn es ist für ihn doch sehr anstrengend. Wenn es dann in Deutschland immer noch so unsicher ist und noch keine Ordnung, dann denken wir, in Holland oder der Schweiz zu leben. Für uns Weitgereiste ist es von dort nach Mittteldeutschland ja ein Katzensprung. Die schwierigste Frage ist nur die, ob Ed eine ihm zusagende Arbeit finden wird. Er hofft es ja, aber ich fürchte, er ist schon zu lange Alleinherrscher gewesen und wird sich nicht unterordnen können."

Wenn auch die Pläne für eine baldige Rückkehr verständlich sind, ratsam sind sie zu der Zeit nicht. In Deutschland herrscht nicht nur "keine Ordnung", sondern es steht politisch und wirtschaftlich unter höchstem Druck. Die Franzosen haben das Rheinland und das Ruhrgebiet besetzt, und das besiegte Land muss an die Siegermächte hohe Reparationskosten zahlen. Das bedeutet unabänderlich die Inflation.

Der rasante Verfall des Geldes übersteigt jede Vorstellungskraft. Man rechnet nicht mehr in hundert Mark oder tausend, sondern in Millionen. Jeder gibt das eben verdiente Geld umgehend wieder aus, denn schon am nächsten Tag kann es erneut an Wert verloren haben. Hat Elisabeth sich noch ein Jahr vorher darüber beschwert, dass ein Auslandsbrief vier Mark kostete, so kostet er jetzt 60.000! Dementsprechend sind die Umschläge so mit Marken voll geklebt, dass kaum Platz für die Adresse bleibt. Oft genug gibt es einfach gar keine Briefmarken, weil die Druckereien mit dem Drucken der neuen nicht mehr nachkommen.

Diese wirtschaftliche Misere hat natürlich auch politische Folgen, d.h. das eine bedingt das andere, und infolgedessen ist Deutschland in jeder Hinsicht instabil. Die Machtkämpfe der Parteien setzen sich bis auf die Straße fort. Die Hilflosigkeit und Unzufriedenheit der Bevölkerung wächst. Dazu kommt der Druck, den die französische Regierung im Rheinland und im Ruhrgebiet auf die Menschen ausübt. Sie nutzt ihre Macht oft unnötig aus, indem sie immer neue kleine und größere Schikanen erfindet. Zum Beispiel muss Eds Bruder Lutz dreimal in der Woche als Geisel in einem französischen Zug mitfahren, und das zu einer Zeit, in der er eben eine Fabrik in Mönchen-gladbach aufgebaut hat, wo natürlich in diesen schwierigen Zeiten seine Anwesenheit dringend benötigt wird.

Das alles wissen die nationalistischen Parteien für ihre Zwecke auszunützen, sodass sie das stärkste Wachstum zu verzeichnen haben. Parolen werden geschrien, Kampflieder gesungen: "Ein junges Volk steht auf, zum Sturm bereit ", oder: "Die Fahnen hoch, die Reihen dicht geschlossen." Ein Mann setzt sich an die Spitze der Bewegung, die sich "Nationalsozialistische Par-tei" nennt: Adolf Hitler. Mit einer eindrucks-, aber leider auch unheilvollen Rhetorik ausgestattet, verspricht er ein befreites Deutsches Reich. Ist es ein Wunder, dass sich die Menschen ihm zuwenden und ihn zu ihrem Hoffnungsträger ernennen? Ihm trauen sie zu, ein geeintes Deutschland zu schaffen. Sein erster Putschversuch 1922 in München scheitert. Aber elf Jah-re später wird er sein Ziel erreichen. Die Menschen werden ihm als ihrem Reichskanzler und Führer zujubeln, und er wird sie in den Untergang führen.

Diese unüberschaubaren Verhältnisse in Deutschland grei-fen auch unmittelbar in Eduards und Elisabeths persönliche Lebensplanung ein. Es ist wenig sinnvoll, in dieser Situation in Bolivien eine gesicherte Position aufzugeben und sich in der alten Heimat eine neue Existenz aufbauen zu wollen. So schreibt Ed im September an seine Schwiegermutter: "Die trostlose Lage in Deutschland macht uns ganz mutlos, da die Zukunft so dunkel und ungewiß vor uns liegt. Heute bekommt man nur im Notfall einen Paß für Deutschland. Trotzdem hal-ten wir an der geplanten Reise 1925 fest, wenn wir uns auch mit den Gedanken abfinden müssen, unsere Lieben in der Schweiz oder sonstwo zu treffen, wenn wir keine Einreise-erlaubnis für Deutschland oder in das besetzte Gebiet bekom-men können."

In der Zwischenzeit versuchen Ed und Elisabeth, ihren fernen Lieben so viel als möglich zu helfen. Nicht nur mit Paketen — einmal lassen sie z.B. der Mutter in Göttingen zehn Pfund Rohkaffee aus La Paz schicken –, sondern vor allem und immer wieder mit Geld. Das haben sie auch im vorausgegangenen Jahr so gehalten. So schreibt Elisabeth im Oktober 1922: "Meine liebe Mutter. Heute kann ich Dir, glaube ich, eine große Weihnachtsfreude machen, wenn's auch nicht für Dich persönlich ist. Unsere Skatkasse – von Herrn Bengel, Ed und mir – ist mal wieder auf 100 Bs [Bolivianos; C.M.] angewachsen. Ed bestellt heute dafür in La Paz einen Scheck, den er Dir mit der nächsten Post schickt. Umgerechnet werden es sicher 20–30tausend Mark sein. Bitte verteile es an bedürftige Studenten oder andere, die es nötig haben, jeweils etwa 3–5.000 Mark. Wir lassen Dir da ganz freie Hand, denn Du hast soviel Verbindungen, daß Du am besten weißt, wer es am nötigsten braucht. Ich glaube, das wirst Du sehr gut tun."

Bald zeigt es sich jedoch, dass es besser ist, das Geld in ausländischer Währung nach Deutschland zu überweisen. Und es zeigt sich, dass am geeignetsten das englische Pfund ist. Am 7. Juni 1923 schreibt Elisabeth: "Meine liebe Mutter. Heute schicke ich Dir den schon angekündigten Scheck über 11 £. Bitte laß 4 £ davon Martha zukommen [ihre Schwester; C.M.]. Davon ist 1 £ für sie als Geburtstagsgeschenk und die übrigen 3 £ für ihre Hilfskasse. Den Rest von 7 £ bitten wir Dich nach Gutdünken zu verteilen, je 1 £ vielleicht an notleidende alte Damen. Das Geld stammt von allen Deutschen hier, jeweils 20 Bs von Asch, 30 von Bengel, 30 aus der Spielkasse. Die übrigen 70 Bs hat Ed nach und nach dazugegeben. Wir freuen uns immer, wenn wir etwas nach drüben schicken können. Man möchte nur noch viel mehr helfen." – Diese 150 Bolivianos haben also einen Gegenwert von elf englischen Pfund. So hat in Deutschland jeder Beschenkte schon mit einem Pfund einen wahren Schatz in Händen, weil es seinen Wert behält.

Die entscheidende Voraussetzung für die Übersiedlung in die alte Heimat ist die Finanzierung, also die vorausschauende Geldanlage. Der erste Versuch fällt der Inflation zum Opfer. Ed hatte seinem Vater eine größere Geldsumme gegeben, mit der Bitte, davon ein kleines Gut am Niederrhein zu kaufen. Das wäre ja eine erste zukünftige Bleibe gewesen. Aber sein Vater war nicht nur ein gewissenhafter, sondern auch ein sparsamer Mann. So konnte es nicht ausbleiben, dass ihm alles, was ihm angeboten wurde, zu teuer war. Und es wurde immer teurer. Dass der Geldverfall solche Ausmaße annehmen würde, konnte damals keiner ahnen, er schon gar nicht. So war eines Tages das ganze Geld wertlos.

Der zweite Versuch, etwas Bleibendes zu erwerben, ist ein Hauskauf. "Weißt Du, daß das Haus von Tante Bella [eine Schwester von Eds Mutter; C.M.] in der Hindenburgstraße in Krefeld [in nächster Nachbarschaft der Eltern; C.M.] jetzt uns gehört? Ed schickt der Tante monatlich eine Summe dafür bis an ihr Lebensende. Wir werden voraussichtlich nie dort wohnen, doch freut man sich natürlich, etwas 'Eigenes' zu haben." Das "Eigene" erwies sich letzten Endes als Fehlinvestition, denn besagte Tante wurde uralt und ihr Haus dementsprechend mehr als überbezahlt. Dafür blieb das gute Gefühl, ihr in schweren Zeiten geholfen zu haben.

Der dritte Versuch der Geldanlage ist erfolgreich, obgleich es zunächst nicht danach aussieht. Eds Bruder Lutz hatte etwa um 1921/22 einen Chemiegroßhandel gegründet, in den der Bruder Heinrich mit einstieg. Know-how, Tatkraft und Selbstvertrauen waren vorhanden, was fehlte, war Startkapital. Und um das wird Bruder Ed gebeten. So steigt der mit Geld ein, unter der Bedingung der Teilhaberschaft. Er muss großes Vertrauen in die Fähigkeit seiner Brüder gehabt haben. Und wie sich zeigt, hatte er das mit Recht. Denn aus diesem Anfang wurde die chemische Fabrik "Gebrüder Overlack", die noch heute mit Erfolg in Mönchengladbach besteht.

Wirkliches Startkapital für die Existenzgründung in Deutschland bringt Ed das Spekulieren an der Börse in Santiago/Chile. Im tiefsten Herzen eine Spielernatur, liebt er den Einsatz und die Herausforderung, vielleicht sogar das Risiko. Wie das klappen konnte, ohne Telefonverbindung nach La Paz, ist heute im Zeitalter des Internets unvorstellbar. Aber es funktionierte dank bester Verbindungen und Informanten. Es konnte passieren, dass jemand aus La Paz geritten kam mit der Aufforderung "sofort kaufen" oder "sofort verkaufen". Natürlich war dann klar, um welche Papiere es sich handelte. Elisabeth berichtet: "Ed hat in diesem Monat 19.000 Chilenos verdient. Das habe ich in 5 Jahren harter Arbeit an der Schule in Chile nicht zurücklegen können."

Auch die letzten Monate des Jahres bringen immer wieder Gäste. "Der Haushalt kostet jetzt eine nette Summe bei dem vielen Besuch." Das Leben hier oben wird immer komfortabler und abwechslungsreicher. "Neulich konnten wir sogar unsere Fischmesser aus der Schublade holen und einweihen. Es gab zum 1. Mal frischen Seefisch. Ein Händler brachte ihn im Eisblock aus Antofagasta und will jetzt jeden Monat kommen. Auch Streuselkuchen und Schwarzbrot können wir neuerdings kaufen. Ein Yankee hat eine modern eingerichtete Bäckerei in Tanapaca eröffnet."

Hans Lutz stromert den ganzen Tag mit seinen Freunden draußen herum. "Er benimmt sich wie ein Indio" und ist genauso frech und dreckig wie sie. Das lässt ihn sein Leben genießen und härtet ihn etwas ab. Abends kommt er dann in die Badewanne und wird abgeschrubbt. Wenn es der Mutter gelingt, einen der kleinen Freunde zu erwischen, blüht ihm genau das Gleiche. Allerdings ruft das bei dem größtes Protestgeschrei hervor.

Weihnachten! "Araca, der 25. Dezember 1923. Liebste Mutter! Ich sitze ganz allein. Die Kinder schlafen schon und auch Ed liegt schon im Bett. Er hat den ganzen Tag auf dem Sofa gelegen, weil er sich so elend fühlt. Er hat wohl die Grippe. Es ist noch so früh, da kann ich Dir etwas vom Heiligen Abend erzählen. Es war wirklich richtig nett gestern abend. Ich hätte mir nur so sehr gewünscht, Du hättest hier sein können und Dich mit uns freuen, statt in Göttingen allein zu sitzen. Unser Baum steht im Eßzimmer, als dem größten. Ringsum sind die

Tische aufgebaut. Hans Lutz war voll Spannung, als gestern morgen alle 3 Türen verschlossen waren. Er lief von einer zur anderen, guckte durchs Schlüsselloch und klopfte, um Antwort vom Weihnachtsmann zu bekommen. Auch Inge teilte sich die Aufregung mit, sodaß sie mittags nicht schlafen konnte. Schon um 5 Uhr war alles gebadet und angezogen, Inge weiß, Hans Lutz hellblau.

Um 6 Uhr waren alle versammelt, auch Bengels, Schulzes und Ziegenbein. Solange mußten wir warten, bis die Sonne verschwunden war. Frau Bengel und ich sangen, bis Ed die Kerzen angezündet hatte und die Tür aufmachte. Hans Lutz war so überwältigt, daß er zunächst gar nichts sagte und nur staunte. Aber dann kam die Freude und der Jubel. Inge ergriff sofort ihre Puppe. Sie stand allein gegen den Tisch gelehnt [ohne Stütze kann sie noch nicht stehen; C.M.], drückte ihre Puppe an sich, wiegte und küßte sie und sagte 've, mia wa wa' [sieh, meine Puppe; C.M.]. Auch die Dienstboten strahlten. Die kleine Frutita [das Mädchen; C.M.] hatte so was ja noch nie gesehen und wußte gar nicht, wo sie hingucken sollte.

Alle wurden reich beschenkt. Ich hatte so viele Kuchen gebacken – aber bei 19 Tellern war alles schnell verteilt. Vor allem mein selbstgemachtes Marzipan fand großen Anklang. Später zogen wir alle zu Bengels, wo die Bescherung nochmal losging. Frau Bengel hatte soviel gearbeitet und genäht, daß ich ganz gerührt war: eine Schürze für mich, Kleid und Schürze für Inge, einen Schlafrock für Hans Lutz usw. Zum Essen gingen wir wieder zu uns. Und dann saßen wir noch bis 10½ Uhr gemütlich zusammen. Alle waren recht zufrieden mit dem schönen Abend. Schulzes sagten, das wäre das schönste Weihnachtsfest gewesen, seit sie in Bolivien sind."

Wie in jedem Jahr verbringt auch diesmal Frau Köppen ihre Ferien in Araca. Zum ersten Mal bringt sie ihre kleine Tochter mit. "Hoffentlich macht es nicht zu viele Schwierigkeiten, die 6jährige Mucki herzubefördern. Sie wird auf der Mula festgebunden, und diese wird von einem Indio geführt. Außerdem kommt noch Fräulein Baron mit, die Nachfolgerin in der Schule. Der Schulvorstand in Antofagasta schwebt schon in Ängsten, daß auch sie hier einen Mann finden könnte. Er hat schon das ganze Jahr gedroht, 'Ferien in Bolivien gibt es nicht', aber wir haben hier sowieso keinen heiratsfähigen Mann zur Verfügung. Der einzige, Asch, hat gekündigt und geht Anfang des Jahres."

Silvester wird bei Bengels gefeiert. "Wir haben das Jahr 1924 mit frischem Mut angefangen. Hoffentlich können wir beim nächsten Neujahr etwas klarer in die Zukunft sehen." – Ein naheliegender und verständlicher Wunsch, der sich aber leider nicht erfüllen wird. Das neue Jahr beginnt, wie das alte geendet hat: mit Besuch. Der bleibt noch bis Mitte Februar.

Um der Freundin in ihren Ferien die eine oder andere Abwechslung zu ermöglichen, versorgt Elisabeth des Öfteren deren kleine Tochter mit. 30. Januar 1924: "Heute nachmittag sind die 3 Damen – Frau Köppen, Frl. Baron und Frau Bengel – von einem 3tägigen Ritt zurückgekommen, den sie in Begleitung von Touchard machten. Sie sind hochbefriedigt, aber todmüde nach Hause gekommen: Ich hatte in den Tagen auch Mucki unter meiner Aufsicht. Sie ist ein sehr artiges Kind, zankt wohl mal mit Hans Lutz, weil der gern haut, aber nachher spielen sie wieder schön zusammen. Es macht doch gleich mehr Arbeit mit dreien. Wenn ich froh war, sie alle drei im Bett zu haben, mußte ich wohl 10 mal hinlaufen, weil jedes immer wieder neue Wünsche hatte. Zudem taugt mein Mädchen immer noch nicht viel, und ich habe mir jetzt ein anderes, etwas älteres gesucht, von dem ich hoffentlich etwas mehr Hilfe habe." Zu all dem Stress wird Inge wieder mal ihren Husten nicht los, sodass die Mutter unruhige Nächte hat. Um die Kinder abzuhärten, will sie mit ihnen im Lauf des Jahres eine Zeitlang ans Meer fahren. Allein Tanapaca genügt nicht als Klimawechsel.

Die schönste und unterhaltsamste Freizeitbeschäftigung ist jetzt ihre Deutschlandreise. "Ed möchte am liebsten am

1. Mai 1925 in Hamburg ankommen. Leider haben die deutschen Schiffe wenig guten Ruf. Bedienung und Essen sollen minderwertig sein. Ich wußte gar nicht, daß sie alle noch die alte deutsche Fahne schwarz, weiß, rot führen. Frau Köppen erzählte mir, daß die neuen Farben schwarz, rot, gold nur in einer Ecke angebracht sind. Aber an der Stelle machen die Seeleute einen dicken Knoten, sodaß sie nicht zu sehen sind." Immer neue Reisemöglichkeiten werden ausgesucht und ausgeschmückt. "Denk Dir, wir überlegen jetzt ernsthaft, über New York zu reisen. Es ist die kürzeste Verbindung. Wir würden dabei soviel Neues kennenlernen und so viele Städte sehen. Natürlich würden wir mindestens 3 Tage in New York bleiben und vielleicht sogar einen Ausflug zu den Niagarafällen machen."

Neue Pläne

So glücklich ist dieses Planen, so groß die Vorfreude. – Doch dann kommt alles ganz anders! Nichts kann verwirklicht werden, wie sie es sich so schön ausgemalt hatten. Für den November meldet sich das dritte Kind an und stürzt seine Eltern erst einmal in ein Chaos der Gefühle. Natürlich haben sie es sich grundsätzlich gewünscht, nur nicht gerade jetzt. Es hat sich wirklich den ungünstigsten Zeitpunkt ausgesucht. Was also tun? Nach den Erfahrungen mit Ingeborgs Geburt in Tanapaca wollen die Eltern ein solches Risiko nicht mehr eingehen. Aber Ed kann die Reise nicht einfach vorverlegen, er ist an seinen ursprünglichen Termin gebunden. Natürlich wäre es das Einfachste und Bequemste, ein halbes Jahr früher zu reisen, da die Deutschlandreise sowieso seit langem geplant ist. Aber der Patron kann jetzt noch nicht von der Mine weg. Seine Vertretung muss gründlich geplant und vorbereitet werden. So wird hin und her überlegt, das Für und Wider erwogen, bis der Entschluss feststeht: Elisabeth wird allein reisen müssen und Ed nachkommen. Dann wird sie rechtzeitig zur Geburt ihres Kindes bei ihrer Mutter in Göttingen sein. Leicht fällt allen beiden diese Entscheidung nicht. Elisabeth graut es verständlicherweise vor der weiten Reise mit zwei kleinen Kindern so ganz allein. Und auch Ed bereitet dieser Umstand große Sorge, ganz abgesehen davon, dass der Gedanke an die einsamen Monate, die vor ihm liegen, nicht gerade verlockend ist.

Soweit steht die Planung, als endlich auch der Brief an die Mutter in Deutschland abgeht, der diese über die neue Situation in Kenntnis setzt. Inzwischen ist der März fast verstrichen, und es wird Zeit, dass sie sich darauf einrichtet, dass die Tochter mit zwei Enkelkindern und dem zu erwartenden dritten dreiviertel Jahr früher bei ihr sein wird. Kann sie es überhaupt einrichten? Schließlich hat sie zur Zeit noch Pensionärinnen bei sich wohnen. Elisabeth hat viel Zeit, sich den Kopf darüber zu zerbrechen, denn jetzt heißt es erst einmal, auf die Antwort warten. Und die wird dauern! Schrecklich ist diese Ungewissheit. So schreibt sie am 11. April: "Ich denke soviel darüber nach, wie das mit uns gehen soll. Ich fürchte, daß Dir das Getriebe zuviel werden wird, bes. da Winter ist, und wir nicht draußen sein können. Vielleicht kannst Du beim Hauswirt ein Zimmer extra mieten als Spielzimmer. Was meinst Du, könnte Tante Frieda aus Hildesheim [die jüngste Schwester des Vaters; C.M.] den ganzen Winter über zur Hilfe in Göttingen sein? Für den Fall könntest Du versuchen 4 Zimmer mit Küche für uns zu mieten, dann würde ich mit ihr einen selbstständigen Haushalt führen. Du wirst auf diesen Brief nicht mehr nach hier antworten können. Eventuell müßtest Du nach Antofagasta an die Adresse von Frau Köppen schreiben. Ich denke, daß ein Brief nach dort 5–6 Wochen unterwegs ist."

Indessen läuft der Alltag in Araca ab wie gehabt. Weiterhin gehen 10-Pfund-Pakete nach Deutschland ab, jetzt meist gefüllt mit Kaffee und Honig. Frau Köppen hat versprochen, eine Frachtkiste mit ausgesuchter Ware aus Antofagasta an die Mutter schicken zu lassen, in die passt wenigstens ordentlich was rein. Aber ca. vier Monate wird sie brauchen, bis sie ihr Ziel erreicht.

Hans Lutz tobt den ganzen Tag mit seinen Freunden draußen herum, Inge schaut zu oder spielt lieb für sich. "Hans Lutz hat augenblicklich eine Tanzperiode. Er kann es schon morgens im Bett nicht mehr abwarten, zu seinen Kumpanen zu kommen. Dann spielt einer die Trommel, und alle singen eine eintönige Melodie, dabei ahmen sie die Tänze der Indianer nach. Das ist so natürlich, dass man sich über ihre Beobachtungsgabe wundern muss."

Und immer wieder fordert das extreme Klima seinen Tribut. "Bei uns herrscht allgemein Erkältung. Ich habe gestern den ganzen Tag mit starken Kopfschmerzen auf dem Sofa gelegen. Die Kinder haben einen fürchterlichen Schnupfen, eben habe ich Hans Lutz ins Bett gesteckt, weil er Fieber hat. Und Inge ist knurrig. Herr Malmros klagt über Kopfschmerzen, und Ed ist nervös, weil er viel Ärger hat. Ich freue mich, daß er morgen mal rauskommt. Er wird für 2 Tage mit Herrn Malmros nach Chojnacata reiten. Es wird freilich auch dort nur über Minen und Aktien gesprochen, aber er sieht und hört doch mal nichts von hier."

Li und Frau Bengel, Lamaherde

Bei Overlacks geht es weiterhin zu wie in einem Hotel, die Gäste kommen und gehen. "Vorige Woche war der Yankee von Mittwoch bis Sonnabend hier, dann kam Sonnabend abend Hofmann-Bang." Alle sind "Arbeitsbesuche", doch gleichzeitig bringen sie Abwechslung mit und frischen Wind, für Elisabeth aber in den ersten beschwerlichen Schwangerschaftsmonaten nicht immer ganz leicht zu verkraften. Dann, am 9. Mai, schreibt sie: "Ich war in den letzten zwei Monaten doch recht elend. Nun geht es mir aber bedeutend besser. Nur wenn der Besuch allzu dicke kommt, schnappe ich schon mal ab."

Eines der wichtigsten Feste der Indios ist Himmelfahrt: "Ab heute haben meine Dienstboten 3 Tage Erlaubnis. Sie mußten nur noch heute morgen helfen. Aber um 8 Uhr war schon alles fix und fertig. Ed ist fort. Schon gestern ganz früh ging's los mit Hofmann-Bang. Sie machen eine Jagdtour für 5 Tage, haben alles mitgenommen, was sie brauchen. Um es uns einfacher zu machen, frühstücken wir in dieser Zeit bei Bengels, dann wird nur eine Küche benutzt und zu zweien geht die Arbeit fixer. Hier unten ist alles ruhig. Die Leute sind zur Mine gegangen, wo erst Messe ist und dann getanzt wird. Wir bekamen auch 2 Einladungen zum Spießbraten. Ich habe große Lust hinaufzureiten. Ich sehe diese Tänze in den wundervollen farbenfrohen Kostümen sehr gern und konnte erst einmal vor 4 Jahren mit und dann nicht wieder. Herr Bengel hat sich angeboten, in der Zeit die Kinder zu beaufsichtigen. Aber ich weiß noch nicht, ob ich es ihm zumuten darf."

Und währenddessen wartet Herr Ziegenbein in Antofagasta ungeduldig auf die Ankunft seiner Braut aus Deutschland. "Er sitzt nun schon seit über 14 Tagen dort und seine Braut ist immer noch nicht angekommen. Die Dampfer kommen z.Zt. sehr unregelmäßig. Abgesehen von der langweiligen Warterei ist es auch ziemlich kostspielig. Er wird wohl nachher erstmal Schulden abbezahlen müssen. Hoffentlich sind sie heute in einer Woche hier." Das klappt dann endlich auch. "Freitag kamen Ziegenbeins und brachten zwei Herren mit, die bis

Dienstag bei uns blieben, damit wir auch ja nicht mal ohne Besuch sind. Es war aber riesig nett, besonders da der eine, Dr. Ahlfeld, kürzlich in Göttingen war und davon erzählte. – Frau Ziegenbein macht einen recht netten Eindruck. Es wird ihr nicht ganz leicht, Hannover mit Araca zu vertauschen. Sie findet alles so eng hier."

Pfingsten! "Um etwas vom Festtag zu merken, gab's bei Over- lacks große Gesellschaft – 9 Personen sind wir, wenn alle Deut- schen eingeladen sind. Als ich um 5 Uhr in der Küche gerade Pudding kochte, kam Ziegenbein rein mit den Worten: 'Fallen Sie nicht auf den Rücken!' Ich hatte die Situation gleich erfaßt und fragte nur: 'Wer?' Na, da waren Malmros und Inslee an- gekommen, und so war bei uns fast das Dutzend voll. Leider war es nicht so nett wie gewöhnlich, da Inslee wenig Deutsch versteht und Ziegenbeins wenig Spanisch. So wußte man nie, was man reden sollte. 2 Tage später nachmittags bei Gwielt war es dieselbe Sache. Außerdem waren die Herren z.T. so ab- gespannt von den enormen Arbeiten jetzt auf der Mine, daß sie nicht lange die Augen offen halten konnten."

Endlich, am 12. Juni, kommt die so sehnsüchtig erwartete Antwort der Mutter aus Göttingen – geschrieben am 5. Mai. "Ich bin so froh, daß Du keine Angst vor dem Trubel hast. Wir werden Dir auch so wenig Arbeit wie möglich machen. Wir werden nicht Deine Gäste sein, denn selbstverständlich über- nehme ich die Kosten für den Haushalt. Wenn Frieda kommen kann, werden wir abwechselnd kochen, denn das wäre noch schöner, wenn Du auch noch für uns alle arbeiten solltest!"

Elisabeth schreibt: "Das Billet für die Reise liegt schon vor mir: Dampfer Helnan [Kosmos; C.M.]. Er fährt erst Ende Juli. Ein be- stimmtes Datum ist noch nicht angegeben, es ist kein Fracht-, sondern eines der wenigen Passagierschiffe mit Arzt und Ste- wardess an Bord. Ed hat eine Spezialkabine, besonders groß, bestellt, die noch 7 £ mehr kostet. Alles in allem bezahlen wir 111 £; Inge ist frei, Hans Lutz bezahlt halb, dafür bekommt er ein ganzes Bett, und es kann niemand anders mit in die Kabine

gesteckt werden. Wahrscheinlich fahren wir über Colon, das
wäre schön, da kann man so gut einkaufen. Vor der Reise hab
ich keine Angst mehr. Ed hat jetzt ein Motorrad mit geschlos-
senem Beiwagen, damit können wir wohl 3–4 Reitstunden
sparen auf dem neuen Weg. Ich freue mich riesig, denn ich
hatte Angst vor dem 7stündigen Ritt mit den Kindern.

Ed bringt mich in Antofagasta an Bord, und in Hamburg kann
ich mich an Herrn von Becker wenden, den Vertreter der Firma dort, wenn ich irgendwelche Schwierigkeiten haben sollte. Trotzdem wäre es mir lieb, wenn Du mich abholtest. Es ist
doch recht traurig, so allein anzukommen und von niemandem begrüßt zu werden. Es kann ja auch sein, daß von Krefeld jemand nach Hamburg reist, aber das wirst Du ja eher
erfahren als ich." Die letzten Wochen bis zur Abreise vergehen
schnell. Dann bringt Ed seine Familie aufs Schiff, und hier heißt
es Abschied nehmen.

Wege zur Mine

1924 – Lange Trennung

Allein in Araca

Allein kehrt Ed nach Araca zurück, mit dem Wissen, dass er nun lange auf die erste Nachricht wird warten müssen. Bald nach seiner Rückkehr schreibt er an seine Schwiegermutter: "6. August 1924. Seit etwa 5 Tagen bin ich jetzt wieder hier oben und fand Gott sei dank soviel Arbeit vor, daß ich etwas leichter über den Anfang meines Strohwitwertums hinweggekommen bin. Schön ist die Leere zu Hause allerdings nicht, deshalb sitze ich auch heute, am Nationalfeiertag Boliviens, in der Oficina, um meine Korrespondenz zu erledigen. Vor meinem Fenster ist ein Heidenspektakel, da die Indios ausgerechnet diesen Platz ausgesucht haben, um ihre monotone, aber geräuschvolle Musik zu machen. Bei Ankunft dieser Zeilen wird Elisabeth mit den Kindern schon bei Dir sein. Hoffentlich machen die Rangen nicht zuviel Krach. Inge ist ja immer recht brav, aber der Junge scheint sich nur wohl zu fühlen, wenn er genügend Lärm machen kann. In dieser Hinsicht gleicht er seinen hiesigen Freunden, die nun schon seit Stunden mir Beweise ihrer Lungenkraft geben."

Ed schreibt weiter: "Bitte mach Dir keine Sorgen, daß Du Elisabeth und die Kinder nicht ganz als Gäste bei Dir aufnehmen kannst. Glaube mir, daß wir damit nie gerechnet haben. Du wirst durch diesen langen Besuch gerade genug Arbeit haben, dann würdest Du Elisabeth und mir eine ganz ungeheure Freude machen, wenn Du diese Zeit über alle Auslagen für Haushalt etc. uns überlassen würdest. Ich habe Becker in Hamburg den Auftrag gegeben, daß er Elisabeth soviel schickt, wie sie verlangt, und daß er sich nicht an die zuerst vereinbarte Summe von GM 700,– pro Monat halten soll. Ich verdiene heute soviel, daß es eine Sünde und Schande wäre, wenn wir anders handeln würden. Außerdem kostet jetzt auch mein Haushalt hier oben viel weniger, sodaß Elisabeth ruhig GM 1.000,– pro

Monat ausgeben kann. Dies wäre dann immer erst der zehnte Teil von meinem Einkommen." – In Deutschland war der Spuk der Inflation im November 1923 mit Einführung der Rentenmark beendet worden, und Finanzmarkt und Wirtschaft waren zur Normalität zurückgekehrt. –

Ed hat viel Arbeit. Trotzdem ist es ihm wichtig, möglichst alle zwei Tage seiner fernen Frau von seinem Leben zu berichten, auch wenn der Briefträger nur einmal in der Woche von La Paz kommt, um Post zu bringen und mitzunehmen. Zweieinhalb Monate muss Ed sich in Geduld fassen, bis er endlich die ersehnte Nachricht in Händen hält.

"16. Oktober. Meine geliebte Elisabeth, heute kamen Deine Briefe vom 26. August bis 4. September aus Antwerpen hier an. Du glaubst nicht, wie ich mich nach so langer Zeit über Deine Worte gefreut habe, und ich danke Dir von Herzen dafür. Die Zeit bis heute ist ja relativ schnell vergangen, aber gerade dann, als ich Deine lieben Briefe las, merkte ich doch, wie lange es bis zu unserem Wiedersehen noch dauert. Enfin, auch das wird vorübergehen, und zum Glück habe ich ja genügend Arbeit, um leichter und schneller über diese Zeit hinwegzukommen. Hättest Du jemals gedacht, mein Liebling, daß ich ein solch vernarrter Familienvater und Gatte werden würde, daß ich mich schon jetzt so nach Euch sehne? Es macht wohl die Einsamkeit hier oben, die mich mein Alleinsein besonders fühlen läßt. Hoffentlich bekomme ich nun mit jeder Post einen Brief von Dir, und ich wäre Dir sehr dankbar, wenn Du Deine Briefe möglichst häufig abschicken würdest, vielleicht alle 3 Tage, wenn es auch nur wenige Zeilen sind. Doch das muß ich natürlich ganz Dir überlassen."

Die ersten Briefe von Elisabeth bringen Ed auch den ersehnten Bericht über den Verlauf ihrer weiten Reise. Das erste Stück hatte er sie ja begleiten und miterleben können, wie seine Kinder eine ihnen fremde Welt kennenlernten. Die kleine Inge – eben zwei Jahre alt – schien überhaupt nichts beeindrucken zu können. Ganz anders ihr dreiviertel Jahre alter Bruder.

Die Ritte mit dem Maultier waren gewohnter Alltag, aber ein Auto hatte er noch nie gesehen und schon gar nicht einen Zug. Er stieg zwar ganz brav ein, wollte aber schleunigst wieder raus, als das Ungetüm sich in Bewegung setzte. Dann Antofagasta, eine Stadt mit breiten Straßen und hohen Häusern zu beiden Seiten. Bisher kannte er nur die große trockene Plaza mit den niedrigen, oft grasgedeckten Häusern, bevölkert von Mulas, Lamas und Karren. Zehn Ferien-Abschiedstage verlebte die Familie hier. Hans Lutz ging mit Mucki in Frau Köppens Kindergarten – auch die kleine Schwester durfte hin und wieder mit –, sie spielten auf den Spielplätzen und lernten das Meer kennen mit den großen Schiffen. Als dann die Reise losging, machte beiden Kindern das Einbooten zum Dampfer großen Spaß. "An Bord gefällt es dem Jungen gut, während Inge wieder mal Angst vorm Laufen hat, wenn das Schiff auch nur ein bißchen schaukelt. Hans Lutz versucht gleich deutsch zu sprechen und hat nach 3 Wochen sein Spanisch verlernt. Die kleine Inge, nach wie vor lernfaul, bleibt konsequent bei den wenigen spanischen Worten, die sie kennt."
Insgesamt verlief die Reise entspannt, wenn man von der Fahrt durch die Tropen absieht. Hier erwischte die Kinder der "rote Hund", ein äußerst quälender Hautausschlag, vor allem am Kopf, der keine andere Wahl ließ, als beide völlig kahlzuscheren. Dazu schreibt Ed: "Ich bedaure so sehr, daß die Kinder so leiden mußten. Sie waren ja auch solch eine Bullenhitze gar nicht gewohnt. Auf der Rückreise wirst Du aber bestimmt weniger Arbeit mit der Bande haben, auch wenn es dann drei sind. Erstens bin ich dann dabei, und zweitens wollen wir ja ein Kindermädchen mitbringen, das sich dann mit den Kindern beschäftigen wird."
Als am 7. September in Antwerpen die Schiffsreise für sie endet, ist niemand zu ihrer Begrüßung da. Nachdem Elisabeth alle Formalitäten erledigt hat – sonst immer Eds Aufgabe –, nimmt sie noch am gleichen Nachmittag den Zug, der sie durch Holland über Bentheim zunächst bis Hamburg bringt.

"Hans Lutz macht mir durch seine aufgeregte Ausgelassenheit viel zu schaffen." Wie froh ist sie, als in Hamburg ihre Mutter steht und sie in Empfang nimmt. Gemeinsam reisen sie weiter nach Waren an der Müritz, wo ihre Schwester Martha mit ihrem Mann und den drei Töchtern – zehn, acht und fünf Jahre alt – lebt. Das erste Ziel der langen Reise ist erreicht. Nach drei Jahren des Getrenntseins gibt es unendlich viel zu erzählen. Derweil sind die beiden Kinder bestens versorgt von den "großen" Cousinen. Inge macht die Großmutter zur "Doßi", und so heißt sie von nun an bis an ihr Lebensende.

Nach zwei Wochen des schönen Zusammenseins packt Elisabeth wieder die Koffer, diesmal geht es nach Krefeld. Um sechs Uhr morgens, am 22. September, fährt sie mit den Kindern aus Waren ab. "Als ich abends um 9 Uhr ankam, waren die Kinder trotz großer Müdigkeit sehr lieb und weinten nicht. Inge wurde aus dem Auto gehoben, und als ich ins Haus kam, hatte Großvater sie auf dem Arm, und Tante Lene stand bewundernd davor."

Drei Wochen genießt Elisabeth die Fürsorge der Familie, bis sie mit Inge nach Göttingen aufbricht, der letzten Station ihrer weiten Reise. Hans Lutz kann sie beruhigt in Krefeld zurücklassen, denn der ist hier längst zu Hause. Aus dem wilden und lauten Kerlchen ist ein wohlerzogener kleiner Junge geworden. In der Nachbarschaft hat er eine kleine Freundin gefunden, mit den Tanten geht er zum Einkaufen, mit dem Großvater zum Spielplatz in den nahen Stadtpark, und dem Onkel Lutz erzählt er abends seine Tageserlebnisse.

So kann Elisabeth bei ihrer Mutter unbesorgt den Geburtstermin abwarten. Die kleine Inge macht wenig Arbeit. Sie ist ein braves kleines Mädchen, das mit großen Augen in die Welt staunt und mit ihrem Charme nicht nur ihre geliebte "Doßi" und die zur Hilfe geeilte Elly bezaubert. Aber sie hat immer noch keine Lust, ihr spanisches Kauderwelsch aufzugeben. Noch nach vier Wochen, als sie zum ersten Mal ihr neugeborenes Schwesterchen sieht, begrüßt sie es voller Entzücken mit "mia gua gua"! Der Großmutter gefällt das überhaupt nicht. Wort für Wort muss Inge nachsprechen: Tisch, Stuhl, Ofen, Küche usw., bis endlich der Groschen fällt, und sie entdeckt, dass Sprechen Spaß macht. Nun plappert sie drauflos und hat bald raus, wie beeindruckt Fremde sind, wenn sie auf die Frage: "Na, wo kommst du denn her?" antwortet: "Aus Bolivien."

Wasserspülanlage

Mine am Berghang

Früchte der langjährigen Tätigkeit – die Mine boomt

Ed in Araca hat währenddessen wenig Zeit, sehnsüchtigen Gedanken nachzuhängen. Der Betrieb wächst ständig und damit die Anforderungen, die an Ed gestellt werden.

9. November: "Sonntage kenne ich schon seit Wochen nicht mehr, da ich dauernd in der Aufarbeitung sein muß. Ich habe soviel Arbeit, daß die Zeit ziemlich schnell vergeht. Nur wenn ich Nachricht von Dir bekomme, kommt mir die Zeit bis zu unserem Wiedersehen noch schrecklich lang vor. Das Bild von den Kindern ist zu niedlich. Ich darf es mir nur nicht zu oft ansehen, weil ich dann gar nicht weiß, wohin ich mit der Sehnsucht nach Euch soll."

Inzwischen ist das alte Ingenio in Araca stillgelegt und ein neues in Betrieb genommen. "Es arbeitet vollkommen einwandfrei, und meine Freude darüber ist umso größer, als ich es ganz allein gemacht habe. Das Ley der Produktion kommt auf rund

65 %, also bedeutend mehr, als ich in meinen kühnsten Träumen gedacht habe. Du verstehst, mein Liebling, was das für mich bedeutet. Meine jahrelange Arbeit ist jetzt vom schönsten Erfolg gekrönt."

"Calachaca, d.h. das Ingenio von Malmros, arbeitet einfach wunderbar. Die Anlage ist einfach prachtvoll und ein sicheres und gutes Geschäft für alle."

"Putzelito hätte jetzt hier oben die größte Freude, denn seit etwa 8 Tagen läuft einen neue 'Eisenbahn' von dort nach hier. Es sind immer Züge von 4 Karren, die von 2 Maultieren gezogen werden. Die Fahrt geht rasend schnell, da die Tiere im Galopp laufen müssen, aber auch nach jeder Reise ausgewechselt werden."

Arbeiten am Mast für die neue Seilbahn

Auch andere Beförderungsmöglichkeiten werden ausgebaut. Die neue Seilbahn, von Ed in Deutschland bestellt, wird zur Erzbeförderung in Betrieb genommen. Ein junger Däne nimmt sie in Kontrakt. Auf den Vorschlag der Firma hin, einen Ingenieur mitzuschicken, antwortet Ed: "Den brauchen wir nicht, das können wir allein." Und der Straßenbau geht seiner Vollendung entgegen. "Auf dem letzten Stück von Caxata sind 750 Arbeiter beschäftigt, die etwa in 6 Wochen fertig sein werden." Damit gibt es dann einen direkten Weg von der Bahnstation Eucaliptus nach Araca.

Arbeiten am Mast für die neue Seilbahn

Bei dieser vielseitigen Arbeit bedeutet der krankheitsbedingte Ausfall zweier seiner wichtigsten Mitarbeiter eine große zusätzliche Belastung für Ed. 11. November: "Mit Ziegenbein ist es ein Trauerspiel. Er hat Gallensteine, hat dauernd Anfälle und lebt nur seiner Gesundheit. Nun liegt er schon seit 14 Tagen in Tanapaca, kann nicht mal nach La Paz reisen, um sich dort untersuchen zu lassen. Da die Krankheit noch Monate dauern kann, habe ich heute an Trepp geschrieben, mir so schnell wie möglich Ersatz zu schicken, also einen Bergingenieur. Ich sehe nicht ein, daß ich immer alles alleine machen soll."

Wirklich schlimm ist der Verlust von Malmros. Mitte Oktober schreibt Ed: "Malmros ist für 14 Tage nach La Paz gereist, um dann dort die nötigen Studien für unsere Aufarbeitung zu machen. Todos Santos [1. November; C.M.] will er zurück sein. Wir beide wollen uns nämlich eine Mine in Asiento ansehen, die wir zusammen etwas aufschließen und dann verkaufen wollen. Hoffentlich ist die Grube etwas wert, dann ist sie ein gutes Geschäft für alle." Kaum eine Woche ist Malmros fort, da fehlt er schon spürbar: "Seitdem Malmros in La Paz ist, steht unten das Ingenio die meiste Zeit. Man sieht, daß Schulze seiner Aufgabe in keiner Weise gewachsen ist. Ich fürchte, daß bei Malmros Rückkehr ein Mordskrach entsteht."

Aber dazu wird es nicht kommen. Allerheiligen verstreicht, ohne dass er zurückkommt. Denn Malmros hat auf seiner Reise einen schweren Unfall erlitten und musste ins Krankenhaus. So schreibt Ed am 11. November, im gleichen Brief, in dem er von Ziegenbeins Erkrankung berichtet: "Wir hatten heute eine Kabelnachricht von Malmros aus Chuquicamata. Es geht ihm sehr gut, und er will in sechs Wochen wieder hier sein. Allerdings hat man ihn dort noch operieren müssen, da man mit Röntgenstrahlen noch einige Knochensplitter entdeckt hat. Es war also sehr gut, daß er sich zu dieser Reise nach Chile entschlossen hat!"

Aber Malmros kommt nicht mehr zurück. Er stirbt sehr plötzlich! Und die Nachricht von seinem Tod trifft alle völlig unerwartet. Der einzige Hinweis darauf findet sich im Eintrag der Mutter in Hans Lutzens Tagebuch: "Hans Lutz ist sehr traurig, dass Malmros gestorben ist. Er meint, er hätte gar nicht für ihn gebetet."

Ed hatte noch so viele Pläne mit ihm zusammen. Nun hat er nicht nur einen guten Freund, sondern auch einen verlässlichen und bewährten Mitarbeiter verloren.

Natürlich bleibt die Lücke, die Malmros hinterlässt, vor allem für Ed spürbar. Aber die Arbeit wächst beständig, und "der Betrieb wird immer größer."

Eine Reihe von Mitarbeitern wird eingestellt, z.B. ein Mann fürs Oficio, ein Deutscher, und Scharfe, ein Elektriker, "ein netter und gebildeter Mensch", der so bald als möglich seine Braut aus Deutschland nachkommen lassen will. So wird der Wohnraum für die neuen Arbeiter allmählich knapp. Das ist mit ein Grund für Ed, für sich und seine wachsende Familie ein neues Haus zu bauen. Das alte soll dann vielleicht Scharfe bekommen. Als der Bauplan gezeichnet ist, wird er Elisabeth geschickt, "damit Du noch genügend Zeit hast, mir Deine Wünsche mitzuteilen. [...] Die Lage ist einfach wunderbar. Noch jetzt, um sechs Uhr abends, haben wir dort Sonne. Bis März nächsten Jahres soll es bis auf die Inneneinrichtung fertig sein."

Ein paar Tage später, am 11. Oktober, schreibt er: "Jetzt habe ich wieder 40 Mann an unserem Haus arbeiten. Ich habe mich entschlossen, es aus Adobes arbeiten zu lassen [Lehmziegel, die schon die Inka benutzten; C.M.]. Es wird zwar teurer als mit Tapiales, dafür aber bedeutend schöner und stabiler."

14. Oktober: "Der Grundstein ist gelegt, und die Mauern steigen rapide in die Höhe. Ich hoffe bestimmt, das Haus bis zur Regenzeit unter Dach zu bekommen."

Gut einen Monat später, am 20. November, ist der Neubau bis zur Höhe des Dachstuhls fertig, Fenster und Türen sind eingesetzt, und jetzt ist rechtzeitig die Antwort seiner Frau da, dass sie mit allem einverstanden ist. "Große Freude hat es mir gemacht, daß Du mit meinen Plänen für unser Haus zufrieden bist. Die Decken von Salon und Eßzimmer sollen getäfelt werden. Das Fremdenzimmer muß absolut getrennt liegen, aber als Waschgelegenheit für unsere Gäste ist allerdings unser

Badezimmer gedacht, da es direkt neben der Toilette liegt, das ließ sich nicht anders machen. Ich will auch einen Trockenboden einrichten, damit in der Regenzeit die Wäsche leichter getrocknet werden kann. Dort kann man sehr gut später noch 1–2 Zimmer einbauen. Die Waschküche soll natürlich zusammen mit Kohleschuppen und Dienstbotenwohnung abseits liegen. Küche, Speisekammer und Anrichte sollen entweder einen polierten Zementboden oder Fliesen bekommen. Das ist nachher lediglich eine Geldfrage und hängt von Trepp ab. Nebenbei habe ich ihm geschrieben, daß ich ein Haus baue. Ich bin gespannt, was er dazu sagt! [...] Das Haus wird hier nur 'Palacio' genannt. Er ist tatsächlich sehr groß und vornehm."

Mit dem Wachsen des Betriebes werden auch die Besucher immer zahlreicher. So ist das nächste Projekt, das der Patron in Angriff nimmt, der Bau eines Hotels.

18. November: "Der erste Plan ist schon fertig, auch der Platz dafür schon bestimmt, nämlich unser alter Schießplatz. Das Haus soll 4 Fremdenzimmer à 2 Betten haben, einen Salon, ein Eßzimmer, eine Küche, Bad und Mozowohnung [für Bedienstete; C.M.] bekommen. [...] Aus Deutschland zurückgekehrt, werde ich nämlich nur noch unsere Freunde und Freundinnen bei uns zu Hause aufnehmen. Die anderen, auch Trepp, können dann im Hotel wohnen. Bei Trepps wohnen wir ja auch nie, infolgedessen habe ich auch keine Verpflichtung, ihn hier bei uns aufzunehmen."

"Da ich jede Minute am Tag beschäftigt bin, vergeht die Zeit wieder sehr schnell. Es ist unglaublich, daß Du jetzt schon über 4 Monate fort bist. In 1 Monat reise ich schon nach La Paz und werde dort gleich das Billet für meine Reise besorgen. In 3½ Monaten hoffe ich, auf der Reise zu Dir zu sein. Es ist möglich, daß ich von New York mit dem Norddeutschen Lloyd reise. Dann will ich es so einrichten, daß ich 3 Tage dort bleibe, um mir wenigstens etwas ansehen zu können." – Dieser Traum, im Zusammenhang mit den Europareisen, einmal auch New York kennenzulernen, wird sich nicht erfüllen, da die Kosten um ein

Vierfaches höher sind als jede andere Route. – "Wenn Du Dich nur halb soviel auf unser Wiedersehen freust, wie ich es tue, will ich schon zufrieden sein."

Ein besorgter Vater

Ed fängt viel zu früh an, auf die Ankunft des Babys zu warten. So schreibt er schon am 15. November: "Ich nehme an, daß morgen das Baby ankommt." Das lässt sich aber noch zehn Tage Zeit! Außerdem wird das Kabel dann von La Paz zunächst nicht weitergeleitet. So erreicht die Nachricht von der Geburt den inzwischen völlig zermürbten Vater erst am 4. Dezember. Da endlich kann er sich hinsetzen und schreiben:
"Meine über alles geliebte Herzenselisabeth, Herrgott bin ich froh, daß jetzt endlich die Nachricht von der Ankunft des Babys da ist, denn ich war schon so unruhig, daß ich seit 4 Nächten fast überhaupt nicht geschlafen habe. Du hast mir eine so große Freude gemacht, daß ich den ganzen Tag schon irgendeine Dummheit machen möchte vor lauter Glück und Freude. Zum Frühstück gab's schon Schnaps mit Sznapka. Versuchte sogar, eine kleine Rede zu halten, die aber ziemlich vorbei gelang. Merkwürdig ist, daß ich mich jetzt auf das Mädel gerade so freue, als wenn es ein Junge wäre, den ich mir eigentlich gewünscht hatte. Am 26. November [also ein Tag nach der Geburt; C.M.] ist das Kabel schon in La Paz angekommen, und die blödsinnige Bande schickt es mir erst heute, obgleich in den letzten Tagen verschiedentlich Leute aus La Paz hier ankamen. Jetzt wirst Du wahrscheinlich schon lange aus der Klinik sein, sodaß ich ganz beruhigt sein kann. Ich möchte Dich jetzt gern einmal wieder in Deiner ganzen Schlankheit sehen. Daher schnell zum Fotografen, damit ich vor meiner Abreise ein Bild von Dir bekomme. Die Buddel Festknallkümmel will ich erst am Sonntag zum Frühschoppen ausgeben. Da wir im Moment so viele Gäste haben, will ich gern die kleine Feier im intimeren Kreis veranstalten. – Zuletzt schrieb ich Dir am

Sonnabend. Zwischendurch habe ich mich mehrmals an die Schreibmaschine gesetzt, um Dir zu schreiben, war aber so unruhig, daß ich keinen vernünftigen Gedanken fassen konnte und die kümmerlichen Anfänge wieder zerriß. Ich konnte mir das Ausbleiben des Kabels gar nicht erklären. Na, jetzt ist ja alles gut, und ich freue mich schon auf die Nacht, wo ich endlich mal wieder richtig ausschlafen kann."

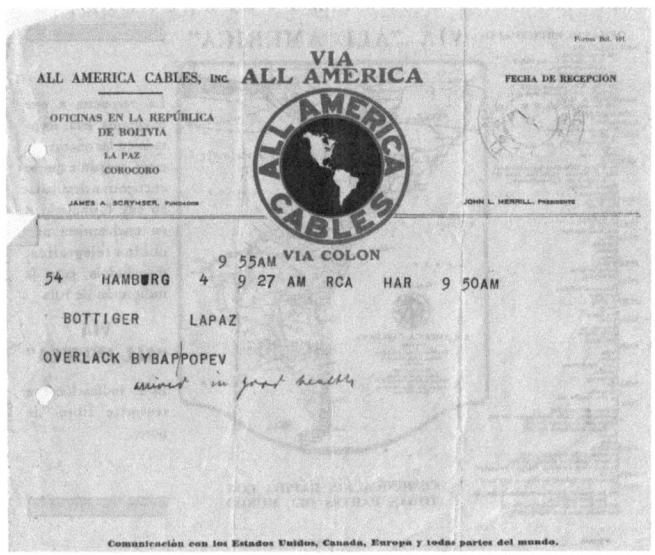

Das sehnsüchtig erwartete Telegramm

Die vielen Besuche bringen auch viel Abwechslung und viele Neuigkeiten in den Alltag auf der Mine. "Der Besuch kam Montag bei strömendem Regen. Wir haben sehr nette Tage verlebt, gearbeitet wurde überhaupt nicht, dafür umso mehr geklönt und abends getrunken."
Ed versteht es wie immer schon, die angenehmen Seiten des Lebens herauszufinden und zu genießen. Die Sonntage beginnen mit einem "Frühschoppen" mit den Freunden, und das wöchentliche Eintreffen des Briefträgers wird mit dem "Postschnaps" begossen, der reihum ausgegeben wird. "Der Postschnaps war wieder hier bei mir und sehr gemütlich. Trotzdem

Feliciano nur für zwei gekocht hatte, blieben auch Scharfe und Ziegenbeins zum Essen. Es war wenig, aber gut."

Wenn Ed seinen treuen Feliciano nicht hätte! "Er arbeitet mit großem Biereifer. Deshalb soll er ab 1. Januar mehr verdienen." Inzwischen müssen die beiden Männer auch ohne das Dienstmädchen auskommen. 14. Oktober: "Unser Mädchen ist wieder fort. Der Vater holte sie persönlich ab, da ihm auf der Plaza erzählt worden ist, die Jovenes nähmen zu starkes Interesse an seiner Tochter. Nun wurschtelt Feliciano wieder allein. Es geht auch so. Ich habe nur jemand für die Wäsche nötig, die die alte Patrona wieder übernehmen muß."

Feliciano wird offensichtlich keine Arbeit zu viel. Außerdem ist er auch ein ausgezeichneter Koch. "Sonntag hatte ich wieder die ganze Blase zum Essen hier bei mir – 7 Personen. Es war wieder recht gut und viel Stimmung. Um 9 Uhr gingen aber alle nach Hause, da die Damen von ihrem langen Ausritt müde waren."

An einem anderen Sonntag wird bei Bengels gefeiert. "Wir waren alle zu einem kalten Abendessen eingeladen. Es war sehr gemütlich und viel Stimmung. Es wurde viel gesungen, getrunken und gelacht. Kurz vor 11 Uhr gingen wir erst nach Hause."

Wie auf der ganzen Welt, haben auch hier die kleinen und die großen Ereignisse ihren Unterhaltungswert: "Von hier ist sonst nichts Neues zu erzählen. Der Teniente [Postbote; C.M.] ist wieder aus La Paz zurückgekommen und hat etwas Post mitgebracht, nebenbei [!] ist der Mann in den Fluß gefallen und nur dadurch, daß gerade eine Recua [Maultierherde; C.M.] an der Stelle war, von den Arieros [Maultiertreibern; C.M.] gerettet worden." Oder: "Wir haben seit einigen Wochen einen Weginspektor, der ständig zwischen hier und Eucaliptus unterwegs ist. Der Bursche ist diese Nacht mit der Köchin von Pulpero [Kaufmann; C.M.] und einem Maultier von uns ausgekniffen. Die famose Köksch soll dem Pulpero auch noch Geld und goldene Ohrringe ausgespannt haben. Seit Stunden ist unser

Teniente mit dem Soldat und Ordones hinterher. Hoffentlich haben sie Glück und bringen den Kerl nebst Köchin an."

Das gelingt auch bald: "Der durchgebrannte Wegrevisor wurde gestern von unserem Intendenten gefangen und hier angeschleppt. Natürlich leugnet der 'Ärmste' alles ab. Wir haben den Kerl jedenfalls sofort rausgeschmissen und jetzt schon wieder Ersatz. Die Köksch ist und bleibt aber verschwunden."

Es dauert nicht lange, da stellt sich raus, dass der Kaufmann auch nicht viel besser als seine Köchin ist: "Den dicken Pulpero haben wir gestern wegen Diebstahl und Unterschlagung an die Luft setzen müssen, haben aber jetzt schon wieder Ersatz."

Derartige Geschehen sind für einige Tage Gesprächsthema und sorgen für Abwechslung und Unterhaltung, haben aber keinen Einfluss auf den Tagesablauf. Das sieht ganz anders aus, wenn sich Schäden an den Maschinen zeigen und Reparaturen notwendig werden. Da kann schon mal der ganze Betrieb lahmgelegt werden. So schreibt Ed am 11. Oktober: "Ich werde telefonisch nach unserer Planta in Calachaca gerufen, wo das Peltonrad auseinandergefallen war. Seit 2 Nächten sind wir schon ohne Licht und Kraft, hoffen aber, bis morgen mit der Reparatur fertig zu werden. Zu Hause ist es ungemütlich und kalt. Ich war doch zu sehr an die angenehm mit elektrischen Öfen durchwärmte Wohnung gewöhnt."

Aber erst 3 Tage später kann er schreiben: "Die Reparatur der Turbine wird erst heute fertig. Hoffentlich hält der Kram jetzt bis Ende des Jahres, dann hoffen wir, die nötigen Ersatzteile von der Fabrik hier zu haben." Aber dieser verständliche Wunsch erfüllt sich nicht, denn knapp vier Wochen später heißt es: "Hier oben steht das ganze Ingenio still, da zur Abwechslung mal wieder die Turbine in Calachaca kaputt ist."

Technische Neuerungen erleichtern das Leben

Eine andere Nachricht aber ist von großem Gewicht: "Wir technischen Angestellten und alle Arbeiter sind jetzt vom Empresa gegen Unfall versichert worden. Ich habe die höchste Quote mit 24.000 Bolivianos." Das ist eine sehr gute Nachricht, heißt aber auch, dass alle die ganzen Jahre ohne Versicherungsschutz gearbeitet haben. Und diese Arbeiten in den Minen sind, auch für den Patron, nicht immer ungefährlich.
Eds Fachkenntnisse sind mittlerweile so bekannt, dass er immer wieder um Gutachten gebeten wird, die für ihn eine willkommene zusätzliche Einnahmequelle sind. Ganz abgesehen davon, ist es jedes Mal eine neue und interessante Herausforderung für ihn. Sein Können auf diesem Gebiet ist sogar bis zu Pizarro gedrungen, dem neben Patiño zweiten "Zinnkönig" des Landes. 22. Oktober: "Von Pizarro bekam ich heute einen Brief mit dem Auftrag, ein Gutachten für seine Minenrechte zu machen. Er erkennt meinen Preis dafür von 1.000 Bs an und will ihn bei B.T. u. Cia [Bötticher, Trepp und Co.; C.M.] einzahlen. Sobald ich das Geld in Händen habe, werde ich mich an die Arbeit machen."

Grubenausgang

Araca boomt, die Zahl der Mitarbeiter steigt, immer mehr Bequemlichkeiten und Komfort erleichtern den Alltag. Den absoluten Höhepunkt aber bedeutet der Kauf eines Autos. "Es hat alle Schikanen, sogar einen elektrischen Ofen."

Die Zeiten der stunden-, ja tagelangen Ritte gehören damit endgültig der Vergangenheit an. Es ist alles so unendlich viel einfacher und leichter geworden. "Der ganze Betrieb klappt jetzt so gut, daß der alte Vater [der inzwischen ganze 33 Jahre alt ist! C.M.] ein wirklich ruhiges Leben hat. Jetzt ernte ich endlich die Früchte meiner langjährigen Tätigkeit."
So ist scheinbar alles in bester Ordnung. Der Patron leitet eine gut funktionierende Firma und könnte jetzt endlich ein geruhsames Leben führen. Wenn er nicht inzwischen Sorgen ganz anderer Art hätte. Denn im übrigen Land läuft es bei weitem nicht so geordnet wie in Araca. Wieder einmal hat es einen der unzähligen Regierungswechsel gegeben, und im Zusammenhang damit werden die politischen und wirtschaftlichen Verhältnisse in Bolivien immer undurchschaubarer.

Patiño, der Zinnkönig von Bolivien

Und davon bleibt auch ein Mann wie Ed nicht verschont. So schreibt er schon im Oktober: "Die Humbugereien der Regierung gehen inzwischen munter voran. Es vergeht kaum ein Tag, an dem nicht irgendein Wahnsinn im Kongreß ausgehandelt wird." Da ist es kein Wunder, dass die Börse äußerst empfindlich reagiert und die Kurse völlig unkalkulierbar steigen und fallen: "Nur Argentinien ist noch sicher." Viele Freunde und Bekannte haben dadurch große Verluste gemacht. Auch Trepp hat sich mächtig verspekuliert: "Er wird immer nervöser." Dazu hat er auch allen Grund, denn ausgerechnet an Patiño, den "Zinnkönig", hat er Araca-Aktien verkaufen müssen, und der hat schon längst ein Auge auf diese ertragreiche Mine geworfen. Patiño ist einer der reichsten Männer Südamerikas und wird als Gewinner aus dieser Krise hervorgehen.

Sein Interesse an Araca wird ganz offensichtlich, als er einen Abgesandten nach dort schickt, Blick, seinen Generalbevollmächtigten. Langsam, aber sicher wird immer deutlicher, dass in Araca in Zukunft nichts so bleiben wird, wie es bisher war. Patiño macht Trepp das Angebot, alle in seinem Besitz befindlichen Araca-Aktien zum Einheitspreis von $ 500,– pro Stück zu kaufen.

Ed aber will vorerst noch die weitere Entwicklung abwarten. Ob er nun einfach Glück hat oder ein besonderes Geschick: Ende des Jahres kann er seine Papiere günstig verkaufen und sogar noch gute Dividenden mitnehmen. "Von denen können wir dann in Deutschland eine schöne Sommerfrische bezahlen."

Und seine Glückssträhne hält an: "Nun stell Dir mal den Dusel vor, den ich wieder mit meinen Dollarkäufen hatte. Trepp erzählte mir, daß ich den günstigsten Kurs der letzten 3 Jahre bekommen hätte. Mein Glück wäre schon Stadtgespräch in La Paz. Darum will ich jetzt vorsichtig sein und alles Geld in Chile wegnehmen und in Argentinien anlegen."

Zielstrebig und mit Umsicht legt Ed den Grundstock für die endgültige Übersiedlung der Familie nach Deutschland. "Hier in Bolivien wird die Lage für mich immer trostloser durch die wahnsinnige Regierung. Ich hänge nicht mehr so wie früher an Araca", dann heißt es sogar: "Ich habe es furchtbar dicke." – "Ich glaube nicht, daß wir nach unserer Rückkehr länger als ein halbes Jahr hier oben bleiben werden. Ich möchte nur noch die Europareise so lange machen, als ich hier verdiene. Wir können uns jetzt in Ruhe alles ansehen und Wohnplatz und Arbeitsfeld aussuchen. Schreib mir mal, wie Du Dir dort unser späteres Leben denkst. Nach hier zurückgekehrt will ich sofort damit anfangen, einen Fond für unser späteres Haus und Einrichtung anzulegen. Ich rechne dafür 60–80tausend Goldmark. Unsere ganzen Ersparnisse betragen heute etwas über 200.000,– Goldmark."

Ein anderes Standbein für den Neuanfang ist die Beteiligung an der Firma seiner Brüder in Mönchengladbach, an die er regelmäßig eine bestimmte Summe überweist. "Lutz hat gestern ein Kabel von mir bekommen, daß $ 6.000,– für seinen Betrieb unterwegs sind. Ich glaube, daß wir ein gutes Geschäft mit dieser Kapitalanlage machen."

Scheinbar unbehelligt von diesen ganzen Unwägbarkeiten läuft der Alltag auf der Mine seinen alltäglichen Gang. "In Tanapaca haben wir recht nette Tage verlebt. Feliciano war mit unten, sodaß Frau Bengel fast nichts zu tun hatte. Gestern kamen auch die 9 Pakete Samen von Dir an, die ich Bilbao gab, damit er sie gleich aussäen kann. Dann ist gerade die richtige Zeit, um noch alles zu pflanzen. Am 1. Dezember schicke ich nun doch schon 12 Maurer nach unten, um mit den Arbeiten für Häuser und Bad anzufangen. Ich muß so schnell wie möglich aus unserer alten Bude raus, um für die Mitarbeiter Platz zu machen. Hier in Araca haben wir dann immer noch genügend Leute, um am Hotel weiterbauen zu können. An dem wird jetzt fix gearbeitet und kann in 3–4 Monaten fertig sein. Frau Bengel wird sich wundern, wenn ich fort bin, und alle

Gäste zu Bengels gehen müssen. – Darüber freut sich meine schwarze Seele." – "Eigentlich habe ich ja nicht mehr viel Lust, alle Arbeiten noch selbst zu machen, da wir doch nicht mehr viel davon haben werden."

Das Jahresende verbringt Ed in La Paz und feiert mit seinen Freunden Weihnachten und Silvester. Die übrigen Tage sind ausgefüllt mit Besorgungen für das neue Haus und Reisevorbereitungen. "Hoffentlich kommt noch alles rechtzeitig an, damit bis zu meiner Abreise wenigstens einige Zimmer fertig werden, denn meine alte Wohnung muß ich vorher räumen für Salzburg, den neuen deutschen Angestellten, der eine nette Frau und ein Baby hat. Wir haben jetzt eine Menge Angestellte und die Wohnungsfrage wird von Tag zu Tag brenzliger."

Vieler Wege und endloser Kabel bedarf es, um die Schiffspassage zu bekommen. Endlich, am 31. Dezember, kann er seiner Frau vom Erfolg seiner Bemühungen berichten: "Heute bin ich besonders glücklich aus folgenden Gründen: Erstens habe ich große Europapost bekommen, und zweitens habe ich seit 1 Stunde mein Billet nach drüben in der Tasche. Briefe hatte ich von Deiner Mutter vom 25. November mit der ersten Nachricht über Dich und das Baby. Vom Vater habe ich einen Brief vom 27. November. Er schreibt mir, daß es Dir und dem Baby gut geht. Auch meine Mutter schrieb mir einen sehr netten und ausführlichen Brief über Hans Lutz. Der Bursche scheint sich ja glänzend dort zu machen, und alle zu Hause, auch Onkel und Tanten, scheinen direkt verliebt in ihn zu sein. Ich freue mich so sehr auf das Wiedersehen mit Dir und den Kindern. Allerdings bildet der Gedanke an das Wiedersehen mit Dir immer meine Hauptsehnsucht, und ich zähle jetzt schon die Stunden bis zu meiner Ankunft in Bremen. Mein Dampfer, die 'Sierra Nevada', fährt am 25. März in Buenos Aires ab und soll 26 Tage unterwegs sein. Das genaue Ankunftsdatum konnte mir allerdings kein Mensch hier angeben. Es soll der 18. oder 19. April sein. Es wäre also gut, wenn Du schon am 17. dort sein würdest, damit wir uns nicht etwa verpassen.

Erkundige Dich vorsichtshalber, ob das Schiff nicht vielleicht nur bis Bremerhaven fährt, damit Du nicht in Bremen wartest, wenn es schon längst in Bremerhaven liegt. Das wäre auch so eine Sache, daß wir uns verpassen könnten. In Araca bin ich also keine 10 Wochen mehr."

Einweihung der Seilbahn

Am 2. Januar ist alles geregelt. "Mein Liebling! In wenigen Stunden geht die Reise los. Ich habe die letzten Besorgungen für das neue Haus gemacht. Mit Ausnahme der Korbmöbel für die neue Veranda habe ich auch alles bekommen. Nur ein Klavier habe ich noch nicht gekauft, da ich schon zuviel Geld ausgegeben habe, sodaß B.T. u. Cia nahe am Einschnappen waren. Jetzt bin ich eigentlich froh, daß ich das leichtsinnige Pflaster von La Paz hinter mir lasse, um wieder nach dem soliden Araca zu kommen. In das neue Jahr bin ich glänzend hinübergekommen. Im deutschen Klub war ich bis ½ 6 Uhr morgens und war noch lange nicht der Letzte. Gestern dann, am 1. Januar, war ein Riesenbetrieb bei Gwinners, wo es Huhn picante gab und die halbe deutsche Kolonie vertreten war. Zum Abendessen war ich dann bei Samson bis 12 Uhr nachts."

Die Zugreise nach Eucaliptus und die Übernachtung dort läuft wie immer. Ganz neu und anders ist dagegen der weitere Verlauf der Reise. "Meine Fahrt nach hier war einfach glänzend, trotzdem das Wetter hundsmäßig war. Wir fuhren mit dem Auto [das rechtzeitig dorthin beordert war; C.M.] in Eucaliptus los, und es war eine Freude, wie der neue Wagen uns in 2½ Stunden nach Pampamina brachte, wo Hofmann-Bang und Orthik uns erwarteten. Die Leute behaupteten nun, daß es vollkommen ausgeschlossen wäre, bei dem Wetter per Auto nach hier oben zu kommen.

Sie wollten, so weit es ging, mitfahren, um dann mit dem Auto wieder nach Pampamina zurückzufahren. Ich sagte den Knaben gleich, daß ich alles versuchen würde, um Viloco mit dem Auto zu erreichen. Und die Sache klappte so gut, daß wir nach etwas über 2 Stunden hier im Ingenio unter großem Beifall aller Angestellten und vieler Arbeiter einfuhren. Es war ein Mordsbetrieb. Nur Hofmann-Bang und Orthik machten sehr lange Gesichter, denn beide hatten absolut keine Zeit und wollten sofort wieder zurück. Na, ich mußte erst einige Flaschen Knallkümmel ausgeben, und es wurde so spät, daß sie erst gestern um 8 Uhr abfahren konnten.

Der Weg ist einfach glänzend und – für mich das Wichtigste – auch vollkommen gefahrlos. In Pampamina muß erst eine kleine Reparatur vorgenommen werden, und dann wird der Chauffeur den Wagen wieder hierher bringen. Die Garage ist sowieso noch nicht fertig. Am Sonntag wollen wir nun einen Ausflug mit dem Auto machen. Jetzt ist das Reisen doch ein Vergnügen. Und wenn der Weg nach Caxata bis Pampamina fertig ist, geht alles noch besser und schneller. Wir haben heute 750 Arbeiter auf der letzten Strecke, und in 6 Wochen soll auch dieses Stück fertig sein. Ich werde dann noch mal für ein paar Tage nach La Paz gehen, wo ich mich dieses Mal so glänzend amüsiert habe."

Zu Hause angekommen, kann Ed nochmals Weihnachten feiern mit all den Briefen und Päckchen, die ihn hier erwarten. "Die Schokoladenkiste habe ich hier geöffnet. Alles ist prachtvoll frisch, da Becker in Hamburg alles hat frisch verlöten lassen. Ich denke immer an Dich, wenn ich mir etwas in den Schnabel stecke. Das Marzipan ist wunderbar, wie man es hier im Ausland nie bekommen würde, und von den Kognakbohnen waren nur zwei kaputt. Feliciano sagt Dir Dank für die Postkarte und für das Bilderbuch für Jorge. Feliciano hat von mir einen Tento [dreiteiliger Anzug; C.M.] zu Weihnachten bekommen, worüber er sehr glücklich war. Er hatte es ja auch verdient, da er so tadellos immer für mich sorgt."

Der Kampf um die Mine

"Hier oben habe ich natürlich eine Menge Arbeit vorgefunden. Erfreulicherweise habe ich aber heute die nötige Bierruhe und nicht mehr das Bedürfnis, gleich am ersten Tag alles erledigen zu müssen. Auch ist während meiner Abwesenheit sehr gut gearbeitet worden, sodaß ich ruhig an meine Reise denken kann."

Alles andere als ruhig denkt Trepp an die lange Abwesenheit des Patron. Immer von neuem drängt er ihn, die Abreise zu verschieben. Trepp will selbst nach Deutschland reisen und erwartet von Ed, dass der bis zu seiner Rückkehr die Stellung auf der Mine hält. "Enfin, da hat er sich nun sehr geschnitten, da ich ihm erklärte, daß für mich kein späteres Datum in Betracht käme. Er hat sich jetzt mit meiner Reise abgefunden, sieht aber sehr schwarz für Araca für die Zeit meiner Abwesenheit."

Denn inzwischen hat Patiño die Mehrheit der Araca-Aktien, und damit scheint das Schicksal der Mine besiegelt. "Ich weiß nicht, ob ich mich darüber freuen soll oder heulen." Trepp aber scheint immer noch auf eine glückliche Wende zu hoffen. 30. Januar: "Also Trepp versucht sein Möglichstes, mich von meiner Europareise zurückzuhalten, damit ich ihm die Kastanien aus dem Feuer hole. Jetzt geht den Leuten in La Paz die Hose auf Grundeis, denn endlich merken sie, daß Araca für B.T. u. Cia verloren ist. Deshalb hat es auch absolut keinen Zweck, daß ich hierbleibe, denn ändern kann ich daran auch nichts mehr. Ich schicke Dir den offiziellen Brief von Trepp heute zusammen mit den Kopien, damit Du siehst, wie die Leute ihr Möglichstes tun, um unser – von mir so heiß ersehntes – Wiedersehen hinauszuschieben. Enfin, das wird ihnen vorbeigelingen. Trepp tut mir ja leid, aber schließlich ist es ja nicht meine Schuld. Er glaubt mir nun einen Schrecken damit einjagen zu können, daß er mir schreibt, ich würde durch meine Reise meine Zukunft in Araca aufs Spiel setzen. Erstens glaube ich das wirklich nicht, und zweitens würde man mir keinen größeren Gefallen tun können, als wenn man mich nach 1 Jahr auszahlen und meiner Wege gehen lassen würde."

Es ist schon erstaunlich, dass der Firmenleitung erst jetzt klarzuwerden scheint, was wirklich vor sich geht. Denn schon Mitte Januar war der Generalbevollmächtigte von Patiño, Blick, mit drei Ingenieuren auf der Mine erschienen, um sich ein endgültiges Bild von ihr zu machen. Unter Eds Führung besichtigen sie genauestens die ganze Anlage. Trotz seiner recht zwiespältigen Gefühle erfüllt es ihn mit Stolz, als er notieren kann: "Die Grube hat einen sehr guten Eindruck gemacht." – Nach drei Tagen der gründlichsten Inspektion findet "eine abschließende Besprechung über die Zukunft Aracas statt, die wohl Patiño allein in die Hand nehmen will".

Zu dieser Zeit herrscht noch freundliches Einvernehmen zwischen Ed und den Abgesandten Patiños: "Die Knaben machen einen guten Eindruck." – "Abends gemütlich bis 10 Uhr zusammengesessen und geklönt." Das wird sich aber später, bei den endgültigen Übernahmeverhandlungen, grundlegend ändern.

Die Besucher reiten ab, andere kommen zu weiteren Besichtigungen. Während Trepp immer noch hofft, Araca für B.T. u. Cia retten zu können, ist hier schon längst alles gelaufen.

Der Patron ist von nun an vollauf damit beschäftigt, einen aktuellen Status der Mine vorzubereiten. Diesmal nicht, wie bisher, für B.T. u. Cia, sondern für Patiño. Es ist eine Memoria (ein Abschlussbericht) zu erstellen. Wesentlicher Bestandteil dieser Zusammenstellung ist eine Valeracion, eine umfassende Bewertung der Mine, mitsamt der Kosten-Nutzen-Rechnung und den dazugehörenden detaillierten Zeichnungen der gesamten Anlage. Diese Arbeiten sind so umfangreich, dass sie den ganzen Rest des Januars in Anspruch nehmen. Dann ist der Patron zufrieden. 31. Januar: "Statik und Plan der Grube für die Memoria fertig gemacht. Sehr hübsch geworden." Und am 4. Februar kann er schließlich notieren: "Kopien und Blaupausen von dem Memoriaplan gemacht. G.s.D. ist der ganze Kram jetzt fertig."

Mit dem Februar hören die Briefe von Araca nach Deutschland auf. Statt dessen findet sich Eds täglicher Eintrag in seinem Taschenkalender und auch das, was in seinen Briefen nicht steht, nämlich, wie oft er unter dem Alleinsein leidet. Es sieht fast so aus, als sei das immer schwerer zu ertragen, je kürzer die Zeit ist, die er noch aushalten muss. Vor allem dann, wenn der Briefträger wieder mal keine Post von seiner Frau bringt. "Was mag los sein?" Als er dann noch krank wird, überfällt ihn das Gefühl der Einsamkeit vollends.

11. Januar: "Die Grippe ist da, und wie! Fühle mich miserabel. Stimmung noch schlechter." 12. Januar: "Die Grippe macht Fortschritte. Stimmung einfach zum Heulen. Sehnsucht nach meinen Lieben und Heimweh." 13. Januar: "Grippe besser, nur die Stimmung wird immer schlechter. Heute fehlen noch 2 Monate bis zu meiner Abreise nach Deutschland." 15. Januar: "Heute vor 6 Monaten reisten wir hier ab." – Endlich, am 16. Januar, ist die Welt für ihn wieder in Ordnung. Als er mit seinen Gästen die Mine besichtigt, erhält er die Nachricht

vom Eintreffen des Postboten. "In nur 20 Minuten ritt ich nach unten und fand 2 Briefe von Elisabeth vom 27. November bis 1. Dezember [die ersten Briefe von seiner Frau nach der Geburt ihrer Tochter Renate am 25. November; C.M.] mit sehr guten Nachrichten. War sehr glücklich und beruhigt."

Der Februar vergeht dann doch verhältnismäßig schnell. In seinem letzten Brief vor seiner Reise schreibt Ed an seine Frau: "Zu arbeiten habe ich kaum noch etwas hier oben, da die ganze Geschichte jetzt wunderbar klappt, und die Produktion von Tag zu Tag besser wird." So hat er viel Zeit für seine Hobbys. "Fast den ganzen Tag zu Hause gesessen, Briefmarken sortiert und Kataloge eingerichtet." Die Abende verbringt er meist in der Gesellschaft seiner Freunde: "Zum Abendessen bei Ziegenbeins. Essen sehr gut und reichlich", und die Wochenenden in Tanapaca, wo er jagen kann: "2 Viscachas und 2 Enten geschossen." – "Cocktail und Frühstück bei Bilbaos, abends Cocktail bei mir. Ruge und Salzburg erschienen zu Fuß von oben, sodaß wieder 6 Angestellte von Viloco hier sind. Abendessen bei Bilbaos in fröhlichster Stimmung und nach einem Glas Bier bei mir um 9 Uhr zu Bett." Am Monatsende

Karneval

Karneval

flüchtet er vor dem Karnevalstrubel nach Tanapaca, "wo im Vergleich zu oben göttliche Ruhe herrscht". Nun wird er für eine lange Zeit nicht mehr hierherkommen; darum "... morgens alles für eine längere Abwesenheit in Ordnung gebracht. Mittwoch den 25. Februar um ¾ 8 Uhr Abschied von Tanapaca, Ankunft um ½ 10 in Araca, wo noch alles Karneval feiert. Dann Zeit zum Kofferpacken."

Die Koffer gehen dann am 1. März zur Bahnstation in Eucaliptus als Vorboten der großen Reise. Jetzt kann er seiner Frau berichten: "Unser Hausbau ist fix vorangegangen. Bevor ich abreise, wird wohl so ziemlich alles in Ordnung sein. Auch Schulzes wohnen seit 14 Tagen in ihrem neuen Haus, das recht gemütlich geworden ist." Und er schließt mit den Worten: "Ich finde bei dem ewigen Besuch kaum noch Ruhe und Zeit, Dir zu schreiben, aber bald kann ich Dir ja alles erzählen. In Sehnsucht küßt Dich tausendmal Dein Dir immer treuer Ed."

Den ganzen Februar hat er von einer Woche zur anderen vergebens auf Post aus Deutschland gewartet. 19. Februar: "Der Briefträger bringt wieder nichts von Elisabeth. Es ist zum Verrücktwerden. [...] Blödsinniger Regen! Alle Bahnen sollen wegen der dauernden Regengüsse unterbrochen sein." Kann das der Grund für das Ausbleiben der Post sein? Auch eine Woche später heißt es: "Wieder keine Post aus Deutschland. Es ist eine richtige Tränenwelt!! Postschnaps lasse ich ausfallen, da ich keine Stimmung dazu habe."

Je näher das Wiedersehen mit seiner Familie rückt, umso größer wird seine Sorge, dass er seinen Kindern fremd geworden sein könnte. In den Monaten des Getrenntseins haben sie so viele neue Menschen kennengelernt, so unendlich viele neue Eindrücke gewonnen, so viel erlebt.

So schreibt Ed schon im Januar: "Ich möchte wissen, ob Putzelito schon bei Euch in Göttingen ist, denn er ist schließlich lange genug in Krefeld gewesen und kennt sonst seine eigenen Eltern nicht mehr. Es wäre sehr traurig, wenn er seinen Vater nicht mehr erkennen würde, und das fürchte ich sehr!"

So ganz unbegründet sind seine Befürchtungen nicht. Hans Lutz war ca. fünf Monate bei den Großeltern, als er von der jüngsten der Tanten, Lotte, nach Göttingen gebracht wird. So schreibt seine Mutter ins Tagebuch: "Ich hole sie ab, doch er ist so schüchtern, daß er mir kaum die Hand gibt, als wenn er mich nicht mehr kennt." Erst als seine Schwester Inge ihm zu Hause jubelnd um den Hals fällt mit den Rufen: "Halu, mein Halu!" fragt er: "Wo ist Renate?", und damit ist das Eis gebrochen.

In Araca kommt am 5. März, gerade noch rechtzeitig vor Antritt der Reise am nächsten Tag, endlich die so ersehnte Post. "Der Briefträger kommt um 11 Uhr und bringt einen großen Haufen Europapost – sehr viele liebe Briefe von Elisabeth." So kann er in jeder Beziehung beruhigt abreisen! Groß überschrieben und dick unterstrichen: "Gott sei Dank!!!!" – Endlich ist er da, der so lange herbeigesehnte Tag.

Eds Reise nach Deutschland

Wie viel einfacher als noch vor wenigen Jahren ist das Reisen inzwischen geworden! In nur sechseinhalb Stunden bequemer Autofahrt bei miserablem Wetter erreicht er die Bahnstation Eucaliptus und ist am nächsten Tag nach wenigen Stunden in La Paz. Hier nimmt ihn gleich das volle Leben der Großstadt auf. "Gwinner an der Bahn, schleift mich zum Abschiedsfest von Maßmann, wo ein Mordsbetrieb herrscht. Um 7 Uhr gehen wir zusammen zu Hardt, um dessen Geburtstag zu feiern. Riesig fideler Betrieb, etwa 20 Herren. Bei einer etwas süßen Erdbeerbowle bleiben wir bis 12 Uhr und fahren dann noch zum 'Nightclub' ins 'Hotel Paris'. Erst um 1 Uhr zu Bett."
Am nächsten Tag geht es ähnlich weiter. "Sonntag, 8. März. Morgens früh auf, Gwinner abgeholt, zusammen gefrühstückt. Abends im 'Club Aleman', wo ich 4 Buddeln Knallkümmel ausgebe. Wieder erst um 1 Uhr mit Gwinner nach Hause."
Die Woche beginnt dann einigermaßen solide. Ed hat eine Menge zu erledigen. Unter anderem muss er seine Pässe abholen. Bei einem Möbeltischler sieht er sich die Möbel für das neue Haus an, die dort in Arbeit sind. "Sie scheinen sehr hübsch zu werden." Den letzten Abend verbringt er bei Trepps. Am nächsten Nachmittag, endlich, sitzt er in der Bahn, die ihn nach Antofagasta bringen soll. "Abfahrt 3.30 Uhr, vorher noch Abschiedscocktail im Abteil." Nun hat er bis zum übernächsten Morgen Zeit, sich vom Trubel der letzten Tage zu erholen. Ein Kontrastprogramm!
Mittwoch, 11. März: "Ziemlich stumpfsinnige Fahrt allein. Fast den ganzen Tag gelesen."
Am nächsten Morgen um 6.30 hat er Antofagasta erreicht. "Danelsberg an der Bahn und nimmt mich mit in sein Haus, wo ich wohnen soll, Abendschoppen im Klub und sehr gutes Abendessen bei D."
Am Freitag, eine Woche nach seinem Aufbruch von Araca, besteigt er das Schiff, das ihn in drei Tagen nach Valparaiso

bringen wird. Und wieder ist sein sprichwörtliches Glück auf seiner Seite. Von der Agentur hatte er nur einen "Salonplatz" bekommen können, d.h. er hätte die Tage und Nächte zusammen mit 120 anderen Passagieren im Salon zubringen müssen. Aber: "Ich habe mit dem Kapitän – einem Deutschen – ein Arreglo für weitere 200 Pesos treffen können, und die Kapitänskajüte erhalten. [...] Jetzt fühle ich mich erst richtig auf der Reise nach Hause. Ich bin hier auf dem Dampfer anscheinend gut bekannt und werde glänzend bedient. Es macht Freude, so schön und bequem reisen zu können."

In Valparaiso nimmt ihn diesmal keiner in Empfang, dafür erhält er Besuch im "Hotel Royal" – "durchaus erstklassig" – von einer deutschen Familie, die ihm Grüße von seiner Frau aus Göttingen überbringt. Wie oft auf seinen Reisen, endet der Tag mit einem Theaterbesuch.

Nun geht die Reise weiter, erst noch durch Chile, dann quer durch Argentinien, bis er nach zweimaligem Umsteigen Buenos Aires erreicht. – Am ersten Abend, kurz vor der Grenze, muss er übernachten. "Das Hotel ist überfüllt, bekomme ein Bett in einem Zimmer, wo schon 2 Caballeros schlafen. Trotzdem gut geschlafen."

Am nächsten Morgen geht es schon früh weiter, bis er am Abend in Mendoza zum zweiten Mal umsteigen muss. Hier hat er genug Zeit zum Essen im Speisesaal. "Wie damals mit Elisabeth." Die Nacht und den ganzen Tag über fährt er nun direkt nach Buenos Aires, "wo ich ein Abteil für mich allein habe. Ziemlich langweilige Fahrt." Am 19. März um sieben Uhr abends hat er sein Ziel erreicht. "Mit dem Auto ins 'Hotel Royal', das ein richtiges Familienhotel zu sein scheint. Deutsch! Essen sehr gut, auch deutsch."

Nun hat er fünf Tage Zeit für diese Stadt, und er weiß sie zu nutzen. Zum freundlichen Willkommen erwarten ihn zwei Briefe seiner Frau, die er, offensichtlich bei der Bank, abholt. "2 liebe Briefe von Elisabeth mit einem recht gelungenen Bild, dem ersten!" Und seine Kinder haben ihrer Mutter einen Brief an ihn diktiert. "Die beiden sind ganz selig, daß sie dem Papacito schreiben dürfen. Hans Lutz baut immer Schiffe, auf denen der Papacito nach Deutschland fährt." – "Mein lieber süßer Papacito, komm bald. Ich bin in Göttingen. Inge hat viele Spielsachen, und wir tun spielen. Wir gehen mit Fräulein Erika spazieren, die tut mit uns spielen. Ich will nicht nach Krefeld, sonst weint Mamita. Großvater hat gesagt, er kommt mich besuchen, wenn mein Vater da ist. Dein Putzelito." Und die Schwester diktiert: "Papacito komm her. Ingelita ist lieb. Ich schicke Dir einen Kuß." Der Brief schließt: "Ich grüße Dich, mein Ed. Komm bald zu den Deinen. Göttingen, den 18. Februar 1925, Deine Elisabeth."

Die Besorgungen, die Ed in der Stadt zu machen hat, sind schnell erledigt. "Alles ist wahnsinnig teuer, darum kauf ich nur das Nötigste." Aber dann gibt er doch eine Menge Geld aus: Er besucht den Briefmarkenhändler, mit dem er bisher nur brieflich verhandelt hat. "Zu Kirchhoff, wo ich fast den ganzen Nachmittag Marken ausgesucht habe und genau 160,– $ ausgegeben. Na, dafür war ich ja sonst sparsam." Die übrige Zeit nutzt er zu Ausflügen in die Umgebung. Mit der Kabinenbahn fährt er auf die Sierra Nevada, mit dem Motorboot zur Isla Flora, eine der vielen Inseln, und er macht einen Ausflug nach Tigre, das ihn ganz besonders beeindruckt. "Wunder-wunderschön! Nur schade, daß ich diese ganze Schönheit alleine genießen muß." Die überall hohen Preise sind allerdings einen Eintrag in seinen Kalender wert. Allein die Bootsfahrt kostet hin 8 $ und zurück nochmals 7 $.

Wie überall besucht er auch hier die Gemäldegalerie, die ihn nicht sonderlich beeindruckt, "Nicht sehr berühmt." Auch die abendlichen Theaterbesuche werden kurz kommentiert: "Ins Spezialitäten-Theater-Casino. Blödsinniger Laden. – Kitsch." Oder: "Abends im Varieté! Viel Fleisch!!!" Einzig der Zirkus findet seine volle Zustimmung: "War im Zirkus 'Sarrasani', der sehr gut ist!" Nun drängt es ihn, endlich weiterzukommen. Der Eintrag vom 24. März schließt mit dem Satz: "Gott sei Dank

die letzte Nacht auf dem Festland von Amerika." Am nächsten Mittag geht er an Bord des Schiffes, das unter dem Spiel der Bordkapelle mit "Muß i denn – usw." unter Hallo und Winken ausfährt. "Ein ganz prachtvolles Schiff und ganz prachtvolles Essen. Die Gesellschaft scheint sehr nett zu sein." Nach einer Reise von fast drei Wochen durch Bolivien, Chile und Argentinien, hat er nun sein schwimmendes Hotel bezogen, das ihn in 25 Tagen in die Heimat bringen wird. Der erste Eindruck hat ihn nicht getäuscht. Es sind alle Voraussetzungen für eine in jeder Hinsicht schöne Reise gegeben. Die Tage an Bord sind einerseits ruhig und erholsam, andrerseits wieder abwechslungsreich und gesellig. "Gelesen, gegessen und gefaulenzt. Abends sehr nett bei fidelster Stimmung bis 11 Uhr im Raucherzimmer gesessen und viel Bier getrunken." –
"Um uns mehr Bewegung zu machen, fangen wir in fröhlicher Runde an, Scheffelbord zu spielen oder zu kegeln." Abends wird gepokert. "Ich habe 4,50 verloren, die gleich vertrunken werden." Wo immer das Schiff anlegt, geht Ed an Land. Zuerst in Santos, dann in Rio. "Um 5 Uhr aufgestanden. Rio liegt noch im Dunkeln, und die Lichter leuchten sehr hübsch zu uns rüber. Um 7 Uhr an Land. 2 Stunden Autofahrt über die Avenida. Einkauf von Zigarren, die sehr billig sind. Punkt 11 Uhr läuft der Dampfer aus. Ausfahrt ganz entzückend." Am 4. April wird der Äquator passiert. "Jetzt habe ich erst das sichere Gefühl, daß es nach Hause geht." Ein zweifacher Grund also, wieder mal zu feiern. "Abends sehr gute und viel 'kalte Ente' getrunken bis 2 Uhr morgens. Der alte Vater war leicht angeduselt."
Nach zehn Tagen auf hoher See kommt mit Teneriffa zum ersten Mal wieder Land in Sicht. Hier, wie in allen Häfen, die angelaufen werden, ist Ed schon früh um fünf Uhr auf den Beinen, um in der kurzen Zeit des Ankerns möglichst viel sehen zu können. Und hier, wie in jedem Hafen, erwarten ihn Briefe seiner Frau, die eine zusätzliche Freude bedeuten.
"Prachtvolle Autofahrt in Santa Cruz." Am nächsten Tag in Madeira reicht der Aufenthalt sogar zu einem Ausflug auf den

Gipfel. "Prachtvolle Aussicht! Rückfahrt in rasender Geschwindigkeit per Schlitten." Sogar zum Kauf von Briefmarken reicht die Zeit noch. Dann Lissabon: "Wenig lohnender Spaziergang an Land." Da bietet die erste kleine spanische Stadt gleich nach der Grenze, Vigo, wesentlich mehr. "Sehr, sehr hübsch. Wunderschönen Spaziergang am Strand, wo wir in dem bekannten Fischlokal frühstücken."

Ungemütlich – wie meist – wird es in der Biscaya. "Sehr bewegt. Fühle mich trotzdem lausig gut. Champagnerfrühstück. Später sind fast alle seekrank, darum gehe ich schon um 9 Uhr zu Bett und lese." Schon am nächsten Tag: "See wie ein Spiegel, daher alle im Speisesaal. Wir fahren stundenlang Englands Küste entlang."

18. April, der letzte Tag an Bord: "Morgens gepackt, Trinkgelder verteilt, zufriedene Gesichter. Abends ganz reizender und gemütlicher Abschiedsknallkümmel und erst um 12 Uhr zu Bett."

19. April: Nach einer schlaflosen Nacht steht Ed schon mit dem Morgengrauen an der Reling und beobachtet die Einfahrt des Schiffes in die Weser und das Näherkommen Bremens. "Um 9 Uhr legen wir an. Um 10 Uhr kommt Elisabeth. Sehr schönes und glückliches Wiedersehen!"

Schon am nächsten Vormittag sitzt das endlich wieder vereinte Paar im Zug nach Göttingen, und Ed fährt dem Wiedersehen mit seinen Kindern entgegen. Doch in den zweien, die da brav an der Hand der Großmutter auf dem Bahnsteig stehen, kann er kaum den Putzelito und die Ingelita erkennen, die er ein ¾ Jahr zuvor in Antofagasta an Bord des Schiffes gebracht hat. Und auch den beiden ist der Vater fremd geworden. So findet sich in seinem Kalender nur die Notiz: "Die Kinder sehen sehr gut aus." Zu Hause hält er zum ersten Mal seine schon fünf Monate alte Tochter Renate auf dem Arm. Abends vermerkt er sehr zufrieden in sein Tagebuch: "Der erste Tag in Deutschland verlief sehr schön." Die ersten zwei Ferienwochen verlebt die Familie zusammen bei der Großmutter.

Neben Spaziergängen im "frühlingsschönen Wald" und gemütlichem Einkaufsbummel in der Stadt, gibt es für Ed auch manches zu erledigen. Dazu gehört als Vordringlichstes, genau wie bei der ersten Deutschlandreise vor vier Jahren, der Besuch beim Zahnarzt und beim Schneider, und – um endlich einen immer wieder störenden Mangel zu korrigieren – der einer Tanzschule. Schon nach der zweiten Tanzstunde heißt es stolz: "Wir lernen schon etwas."

Das wichtigste Ereignis dieser ersten Tage aber ist die Taufe der beiden Töchter, die, wie damals üblich, zu Hause stattfindet. Dazu reisen extra die Großeltern und die beiden Paten an. Ein Tagebucheintrag wert ist aber nicht etwa die feierliche Handlung, sondern das "tadellose Taufessen". – "Nachmittags Spaziergang und abends Ratskeller. Später noch bis 12 Uhr im Café Vaterland. Ganz famoser und gemütlicher Tag."

Zwei Tage später kehrt der Alltag wieder ein. Die Gäste reisen ab, und die Großeltern nehmen Hans Lutz wieder mit nach Krefeld, wo der inzwischen so viel mehr zu Hause ist, als in Göttingen. Außerdem hat er das Versprechen seiner Eltern, dass sie ihm bald nachkommen werden.

Vor ihrer Abreise aber erleben sie zum ersten Mal seit ihrer Ausreise vor fast elf Jahren selber politisches Geschehen in Deutschland mit: Es wird ein neuer Reichspräsident gewählt. "26. April 1925. Abends Essen im Ratskeller, wo wegen der Präsidentenwahl ein toller Betrieb herrscht. Bis 1 Uhr nachts hat Hindenburg die meisten Stimmen. Er siegt mit 880.000 Stimmen Mehrheit. Erst um 2 Uhr kommen wir zur Ruhe."

Paul von Hindenburg, inzwischen 78 Jahre alt, seit seinem Sieg am Anfang des Krieges hochgeehrt und allgemein beliebt, ist der Wunschkandidat der Rechten und folgt auf den Sozialdemokraten Friedrich Ebert. "28. April. Fackelzug zu Ehren Hindenburgs. Trotz Regen sehr schön." – Acht Jahre später wird Hindenburg Adolf Hitler zum Reichskanzler berufen! –

Die Großmutter in Göttingen hat genügend Hilfe, sodass die Eltern ihre beiden Töchter unbesorgt in deren Obhut zurücklassen können und sich auf Reisen begeben. Auf dem Weg nach Krefeld machen sie erst einmal Station in Kassel. Nachmittags wandern sie durch den wunderschönen Wilhelmshöher Park zum Herkules, verbringen den Abend im Stadttheater – "'Heilige Johanna', sehr gut" – und besuchen am nächsten Morgen die Gemäldegalerie. "Sehr schön, doch leider ist die Zeit viel zu kurz", denn schon am Nachmittag sitzen sie im Zug nach Krefeld.

"7.48 Uhr Ankunft. Lutz holt uns ab. Sehr gemütlicher Abend." Jetzt ist auch Ed ganz zu Hause angekommen.

Und er weiß sein Zu-Hause-Sein in vollen Zügen auszukosten: mit Besuchen bei der zahlreichen Verwandtschaft, Treffen mit alten Freunden, Ausflügen, Früh- und Dämmerschoppen, Café- und Restaurantbesuchen. Am schönsten aber sind die gemütlichen Abende mit den Eltern und Geschwistern zu Hause bei Wein oder Bowle. Es gibt so unendlich viel zu erzählen! Besonders wichtig ist der Besuch bei Bruder Heinrich, der mit seiner Frau und seinen zwei kleinen Söhnen in Mönchengladbach wohnt. Jetzt ist auch Gelegenheit, die chemische Fabrik der beiden Brüder zu besichtigen. "Gebrüder Overlack" prangt über dem Eingang. Etwas Stolz und Freude erfüllt Ed, dass zu den "Gebrüdern" neben Lutz und Heinrich auch er selber als stiller Teilhaber zählt.

Unbeschwerte Ferienwochen

Zwei Wochen sind wie im Flug vergangen, als Ed und Li sich auf ihre lange geplante Rheinreise begeben. Ihr erstes Ziel, Königswinter, ist schnell erreicht. Sie steigen im renommierten "Hotel Mattern" ab, einem Prachtbau aus den Gründerjahren, direkt an der eleganten Rheinpromenade gelegen. "Sehr vornehm und sehr gut." Eine schöne und gemütliche Kutschfahrt durch den Wald, vorbei an der bekannten Klosterruine Heisterbach, bringt sie auf den Drachenfels. Der gehört als markantester Berg des Siebengebirges zu den beliebtesten Ausflugszielen der Flachländer vom Niederrhein bis Holland und wird darum gern der "höchste Berg der Niederlande" genannt. Hier stehen nun die beiden und genießen den Rundblick über den Rhein, über die unendlich scheinenden bewaldeten Höhen bis hinab in den Talkessel im Süden mit seiner Stadt Honnef. Sie sind beglückt von dieser wunderschönen Aussicht, ohne im mindesten zu ahnen, dass eben diese Stadt vier Jahre später für sie und ihre Familie zur geliebten Heimat werden wird.

Durch das Nachtigallental, das damals noch seinem Namen alle Ehre machte, wandern sie zurück nach Königswinter in ihr Nachtquartier. Am nächsten Tag geht es weiter mit dem Zug oder Schiff rheinaufwärts zu den bekannten Städten Bingen, Rüdesheim und Boppard und von Koblenz aus auch noch die Mosel hinauf nach Trier. Der Rückweg führt über Köln, natürlich mit Besichtigung des weltweit größten gotischen Doms. Fazit: "Sehr, sehr hübsche Reise."

Bald nach der Rückkehr nach Krefeld werden schon wieder die Koffer zur nächsten Reise gepackt. Die führt zuerst nach Hamburg, wo die ersten Vorbereitungen für die Heimfahrt zu treffen sind. Sie wohnen im Hotel "Vier Jahreszeiten", in dem eben zu dieser Zeit auch Trepps aus La Paz und der alte Freund und Trauzeuge Remé abgestiegen sind. Das ist Anlass genug, mit ihnen und dem Hamburger Firmenvertreter Becker einen extra "Hamburg-Tag" einzulegen mit Sektfrühschoppen, Essen im Uhlenhorster Fährhaus und abendlichem Revuebesuch.

Am nächsten Tag dann wird der eigentliche Anlass dieses Hamburg-Aufenthaltes erledigt. 5. Juni: "Morgens um 8 Uhr durch den Hafen zum Dampfer 'Amman', der einen sehr guten Eindruck macht. Sofortiges Belegen der Passagen für die 'Itauri' [Schwesterschiff der 'Amman'; C.M.], die am 20. Juli ab Antwerpen gehen soll. Dann Frühstück im Uhlenhorster Fährhaus mit Onkel Dietz."

Das nächste Ziel ist Waren an der Müritz. Hier verleben Ed und Elisabeth ungetrübte Sommerferien bei der Schwester Martha und ihrer Familie. 7. Juni: "2 Stunden sehr hübsche

Motorbootfahrt über die Müritz. Nachmittags prachtvoller Spaziergang bei schönstem Wetter am See entlang. Waren ist ganz entzückend schön." 9. Juni: "Früh aufgestanden. Mit dem Segelboot zum Baden. Nachmittags Bummel durch die Stadt und Besuch einer Konditorei. Nach dem Abendessen sehr gute Erdbeerbowle im Garten bei Lampionbeleuchtung."

Am Tag darauf: "Morgens im Garten geklönt, nachmittags Spaziergang zum Kölpinsee, wo wir baden. Anschließend Picknick im Wald." So vergehen schöne und entspannte Ferientage nur unterbrochen von einem zweitägigen Abstecher nach Berlin. Von dort zurückgekehrt, erwartet Ed ein dringendes Telegramm von Trepp, das ihn umgehend nach Hamburg beordert. Hier heißt es: "Leider sehr schlechte Nachrichten aus Araca, die meine baldige Anwesenheit dort nötig erscheinen lassen." Trepp erwartet nun allen Ernstes, dass Ed umgehend seinen Urlaub abbricht und sich mit seiner Familie auf die Rückreise begibt. Der aber denkt gar nicht daran! "Ich sage ihm, daß ich nicht vor dem festgesetzten Termin am 20. Juli reisen werde." Und Trepp bleibt nichts anderes übrig, als diesen Entschluss zu akzeptieren, "worüber er sich endlich auch beruhigt".

Ein Kindermädchen wird gefunden

Als Ed und Elisabeth Waren verlassen, haben sie nicht nur schöne Ferientage verlebt, sondern auch das lange gesuchte Kindermädchen gefunden. In der kleinen Stadt, in der jeder jeden kennt, hatte Schwester Martha die ersten Kontakte geknüpft. Briefe waren hin und hergegangen, und nun folgt das Kennenlernen. "Abends kommt Fräulein Hillmann, und wir klönen bis 10 Uhr." Schnell wird man sich einig. Veronika Hillmann, 31 Jahre alt, bringt für die Aufgabe, die sie erwartet, die besten Voraussetzungen mit. Da sie schon mal in Spanien in einer Familie gearbeitet hatte, brachte sie von dort nicht nur Sprachkenntnisse mit, sondern vor allem das Geschick im Umgang mit Kindern und ihre große Liebe zu ihnen. Wie sich im Lauf der Jahre herausstellte, hatten Ed und Elisabeth mit ihr tatsächlich so etwas wie das große Los gezogen, denn außerdem war sie bestens dafür geeignet, einen großen Haushalt zu führen und perfekt in allen dazu gehörenden Arbeiten. Natürlich ahnte zu der Zeit noch keiner, dass auch Fräulein Hillmann mit dieser Entscheidung die Weichen für ihr ganzes Leben gestellt hatte. Sie blieb zeitlebens als Mitglied und Teil der Familie bei den Overlacks.

Ed und Li machen noch einen Abstecher nach Pommern auf das große Gut eines Onkels von Elisabeth in der Nähe Stettins, bevor sie wieder nach Göttingen zurückfahren. Das ist zu der Zeit eine Tagesreise. Abfahrt 9.15 Uhr, Ankunft in Hannover um 12 Uhr nachts, allerdings mit einem notgedrungenen vierstündigen Aufenthalt in Berlin. Nach der Übernachtung in Hannover fährt Elisabeth allein weiter, und Ed bleibt noch ein paar Tage in der Stadt. Hier hat er — allerdings nicht bis zum Diplom — studiert, und hier zieht es ihn an die alten Stätten des unbekümmerten Studentenlebens, vor allem aber will er das jährlich im Juni stattfindende "Stiftungsfest" mitmachen.

20. Juni: "Zur Hochschule und dann ins 'Corpshaus'. Abends Weißbierstuben und anschließend großer Kommerz auf der Kneipe. Ein Mordsbetrieb, wohl 90 Personen. Um 2 Uhr abends nüchtern zu Bett." Am nächsten Tag geht es weiter. Wohin er kommt, er wird überall herzlich aufgenommen, und überall wird kräftig gefeiert. "Um 6 Uhr Festessen im kleine Rathaussaal. Sehr netter und gemütlicher Betrieb. Um 12 Uhr wanke ich ziemlich dun zum Hotel, wo ich prächtig schlafe."

Fräulein Hillmann bekommt ihre Ungefährlichkeit bescheinigt

Währenddessen ist in Waren eine junge Frau vollauf mit der Erledigung des bürokratischen Teils ihrer Ausreise beschäftigt. Der Kreisarzt bescheinigt "hiermit, daß Fräulein Veronika Hillmann geistig und körperlich gesund und arbeitsfähig von mir befunden wurde. Ich bescheinige ferner, daß sie nicht an einer erkennbaren tuberkulösen oder einer anderen ansteckenden Krankheit leidet und außerdem noch, daß nach meiner Kenntnis und Überzeugung Fräulein Hillmann nicht an Epilepsie leidet oder einen Anfall von Wahnsinn gehabt hat." – Gesund ist sie also! Nun bescheinigt ihr das polizeiliche Führungszeugnis noch ihre Ungefährlichkeit. Ihr wird "antragsmäßig bescheinigt, daß in den Listen der unterzeichneten Behörden Strafen über sie nicht notiert sind. Außerdem wird ihr bestätigt, daß sie in der Lage ist, sich beruflich selbstständig zu ernähren." Und, ganz wichtig: "Soweit uns bekannt, beteiligt sich Fräulein Veronika Hillmann nicht an Bestrebungen, welche die Änderung der z.Zt. bestehenden sozialen und politischen Ordnung bezwecken. Unseres Wissens gehört sie auch nicht Gruppen oder Parteien an, welche diesen Zweck verfolgen. Waren, 17. Juni 1925. Das Stadt-Polizeiamt." – Somit ist nach bestem Wissen sichergestellt, dass die 31-jährige Deutsche aus der Mecklenburger Provinz keine Unruhen anzetteln und keinen Schaden in Südamerika anrichten wird.

Veronika Hillmann alias "Ena"

In Ergänzung umseitigen Zeugnisses wird Fräulein
Veronika Hillmann hiermit bescheinigt,dass sie in der Lage
ist sich beruflich selbständig zu ernähren.

Waren,den 17.Juni 1925.

Stadtpolizeiamt.

Soweit uns bekannt,beteiligt sich Fräulein Veronika
Hillmann nicht an Bestrebungen,welche die Änderung der z.Zt.
bestehenden sozialen und politischen Ordnung bezwecken.Un-
seres Wissens gehört sie auch nicht Gruppen oder Parteien an,
welche diesen Zweck verfolgen.

Waren,den 17.Juni 1925.

Abmeldebescheinigung.

Am _9. Juli_ 192_5_ verziehen nachstehend verzeichnete Personen
von Waren (Müritz), _Turnplatz_ Straße Nr. _4_
nach _Bolivien Süd. America_ Straße Nr.

Nr.	Familienname (bei Frauen ist auch der Geburtsname angegeben)	Vorname	Stand oder Gewerbe	Geburts-Tag / Monat / Jahr	Geburtsort und -Kreis	Staats-angehörigkeit	Ob verheiratet, verwitwet, geschieden	Seit wann in Waren (Müritz) polizeilich gemeldet (§ 4 u. 5, Abf. 1924)
1	Hillmann	Veronika	Hausbeamtin	1. II. 1894	Damekow b. Blumenhagen Kismar	Meckl. Schw.	ledig	1. Okt. 1903

Waren (Müritz), den _17. II._ 192_5_

Veronika Hillmann
Name und Stand des zur Meldung Verpflichteten.

Waren (Müritz), den _17. II._ 192_5_

Einwohner-Meldeamt.

12938

VISTO EN EL CONSULADO GENERAL
DE CHILE EN ALEMANIA
HAMBURGO, _el_ _de_ _Julio_ DE 192_5_

EL CÓNSUL GENERAL

G.-Nr. II _3486_   GRATIS

Dem _Herrn_ Fräulein Veronika Hillmann,

geb. am 1.Februar 1894 zu Damekow bei

welcher wie folgt gemeldet war:

vom 1.Oktober 1903 bis heute ------------

wird antragsmäßig hierdurch bescheinigt:

daß in den Listen der unterzeichneten Behörde Strafen über ihr —
sie nicht notiert sind.

Waren (Müritz), den 17.Juni 1925.

Stadt-Polizeiamt.

Geb. Nr. II _Ka_

Mecklenburg. Kreisarzt
Medizinalbezirk Waren.

Waren 16. Juni 1925

Amtsärztliches Zeugnis.

Ich bescheinige hiermit, dass Fräulein Veronika Hillmann aus Waren, geb. 1. Febr. 1894, geistig und körperlich gesund und arbeitsfähig von mir befunden wurde.

Ich bescheinige ferner, dass sie nicht an einer erkennbaren tuberkulösen oder an einer anderen ansteckenden Krankheit leidet, auch nicht an einer Erkrankung der Augen.

Ich bescheinige ausserdem noch, dass nach meiner Kenntnis und Überzeugung Fräulein Hillmann nicht an Epilepsie leidet oder einen Anfall von Wahnsinn gehabt hat.

Dr. Theuer

Meckl. Kreisarzt

12938

VISTO EN EL CONSULADO GENERAL
DE CHILE EN ALEMANIA
HAMBURGO, 11 DE Julio DE 1925.
EL CÓNSUL GENERAL

12938

CONSULADO DE CHILE EN .... Hamburgo

Datos y antecedentes personales tomados al ciudadano o súbdito

.... alemán .... que se dirige a Chile

Nombre y apellido .... Veronika Hillmann

Lugar y fecha de nacimiento .... 1.II.1894 Damekow

Nombre del padre .... Fritz Hillmann fallecido

Nombre de la madre .... Luise Rönnberg de Hillmann

Profesión .... Ama de llaves Estado Civil .... soltera

Nombre de la esposa ....

Nombre de los hijos ....

Ultimo domicilio .... Waren

INSTRUCCIÓN: Sabe leer .... si Sabe escribir .... si

Nombre y domicilio de dos personas que acrediten sus antecedentes ante el

Consulado .... Max Friedr. Becker Hamburgo

.... Hermann Boné Hamburgo

Vapor .... Itaqui Fecha de salida 11.7.1925

Puerto de destino .... Antofagasta

Lugar donde va a radicarse .... Arnea Boliv a

Nombre y domicilio de dos personas de su conocimiento, residentes en Chile

.... transito a Bolivia

Objeto del viaje .... acompañar la familia de Overlack.

Documentación producida .... Pasaporte No. 107 de la Policia

de Waren. Certificado de buena salud de buena

conducta y de vacunación.

.... Hamburgo, 11 Julio .... de 192

FIRMA DEL INTERESADO   **CÓNSUL**

Das Schicksal der Mine

Nach dem Abstecher ins Studentenleben wird es für Ed wieder solide. In Göttingen stehen die längst gekauften großen Überseekoffer bereit, die nun Morgen für Morgen gepackt werden. Es muss genauestens überlegt werden, was in den nächsten drei Wochen noch hier für die Familie gebraucht wird, dann, was mit aufs Schiff muss und was direkt nach Araca gehen wird. Ein Koffer wird nur mit Spielsachen gefüllt. Praktisch sind die Schrankkoffer, in die die Kleider und Anzüge einfach hinein gehängt werden, und die speziellen für die Hüte, die so unbeschadet den Transport überstehen können.

Nach sechs Tagen konzentrierten Überlegens und Packens ist es geschafft, und alles kann auf den Weg gebracht werden. "Zollabfertigung ohne Schwierigkeit. Besorgung des ganzen Gepäcks zur Bahn – 322 kg Gewicht."

Zwei Tage später, am 1. Juli, heißt es wieder: "Morgens gepackt", denn bevor es auf die große Reise geht, gönnt sich die Familie noch ein paar Ferientage. Nicht weit von Göttingen liegt im Ith der kleine Ort Lauenstein (der Ortsname hat keine Verbindung zum Familiennamen). Hier ist Elisabeths zweite Heimat. Hier war ihr Großvater Lauenstein Pastor, und bei ihm in seinem großen alten Pfarrhaus, unter der liebevollen Obhut der Tante Martha, einer Schwester ihres Vaters, hat sie zusammen mit ihrer Schwester alle Ferien ihrer Kindheit verlebt. Nun kann sie ihrem Mann endlich zeigen, wohin so oft ihre Sehnsucht geht.

Die kleine Renate bleibt bei Großmutter Doßi in Göttingen, aber Inge darf mit. Aus Krefeld kommt die Großmutter mit Hans Lutz, und zusammen erholen sie sich bei Spaziergängen und Ausflügen in die schöne Umgebung. Diese Bilder von den warmen Sommertagen in dem geruhsamen Dorf inmitten von Wäldern, Wiesen und Feldern speichern sie für das Leben auf der kahlen und kalten Hochebene, wo es keine Bäume und Blumen, ja, noch nicht einmal Gras gibt.

Das Ende der Ferien ist der Beginn der Reise. Großmutter nimmt nicht nur Hans Lutz, sondern auch Inge mit nach Krefeld. Die Mutter fährt nach Göttingen, um Renate zu holen, und der Vater reist nach Hamburg voraus, wo es noch einiges zu erledigen gibt. Wieder steigt er im Hotel "Vier Jahreszeiten" ab, wo immer noch Trepps anzutreffen sind, mit denen zusammen Ed den Abend verbringt. Am nächsten Morgen muss er als Erstes zum bolivianischen und chilenischen Konsulat, wo er wegen der Pässe mit "recht viel Schwierigkeiten" zu kämpfen hat. Das hindert ihn aber nicht daran, später mit Freund Remé zusammen die Abwechslungen der Großstadt wahrzunehmen. "Abends mit Remé zum Zirkus Busch. Nachher Nackttänze in St. Pauli, um 1.30 Uhr im Hotel."

Der nächste Morgen findet ihn wieder auf dem Weg zu den Konsulaten, bevor er am Nachmittag seine Frau zusammen mit Doßi und Renate am Bahnhof in Empfang nehmen kann. Auch Fräulein Hillmann trifft ein. Zusammen mit ihr bekommt er endlich am nächsten Morgen auf dem Konsulat alle Pässe. Eben noch rechtzeitig. Denn schon am Nachmittag bringt ein Auto sie alle zum Dampfer "Itauri", der schon an der "Kehrwieder-Brücke" im Hafen liegt.

Eine lange Reise mit drei Kindern und Kindermädchen

Es ist der 11. Juli. Die Eltern bringen Mutter Lauenstein mit Renate und Fräulein Hillmann an Bord, und damit beginnt die erste Etappe der Reise. Denn jetzt bleiben die beiden Frauen mit dem Kind hier und machen eine schöne Schiffsreise von Hamburg nach Antwerpen. Die Großmutter übergibt das Baby, das sie über sieben Monate lang betreut hat, in die Hände des neuen Kindermädchens und weiß es bestens versorgt. Die Eltern fahren derweil mit dem Schlafwagen nach Krefeld zurück, und können hier, ohne auf das Baby Rücksicht nehmen zu müssen, ihre letzten Besorgungen machen, regeln, was noch zu regeln ist und zum letzten Mal Koffer packen. Dann heißt es endgültig Abschied nehmen von der Familie, wo bei Großvater und Großmutter, Tanten und Onkeln Hans Lutz so viele Monate zu Hause war.

Am 17. Juli "um 9 Uhr mit den Kindern mit der Bahn nach Antwerpen, wo wir um 4.45 eintreffen. Da der Dampfer noch nicht eingetroffen ist, gehen wir ins 'Queens-Hotel', das recht gut, aber auch sehr teuer ist." Am nächsten Morgen liegt dann die "Itauri" im Hafen, und die Eltern gehen mit Kindern und Gepäck an Bord. Inge ist selig, ihre geliebte Doßi hier wiederzusehen, und kann gar nicht verstehen, dass Mamita und Papacito sie dann gleich wieder mitnehmen, weil sie zum Bahnhof gebracht werden muss. Ohne zu protestieren, bleiben nun Hans Lutz und Inge bei dem ihnen noch völlig unbekannten Kindermädchen. Sie sind es inzwischen gewohnt, sich immer wieder mit neuen Tanten anzufreunden.

Während Großmutter Lauenstein zunächst nach Krefeld fährt, um sich mit der dortigen Familie von dem Trubel der vergangenen Zeit zu erholen, aber auch, um sich an die plötzliche Leere um sich herum zu gewöhnen, kehren die Eltern auf das Schiff zurück und richten sich dort für die nächsten Wochen ein. Erst am übernächsten Tag – es ist der 20. Juli – läuft das Schiff aus.

"Morgens zum letzten Mal Besorgungen in Antwerpen gemacht. Um 3½ Uhr verläßt die 'Itauri' bei prachtvollem Wetter den Hafen. Abends 2 Buddeln Sekt zum Abschied von Europa getrunken."

Es ist eine geruhsame, manchmal etwas eintönige Reise. Abgesehen von gelegentlichen gemeinsamen Deckspielen oder abendlichem Tanz im Rauchsalon, bleiben die Kontakte zu den übrigen Passagieren eher unverbindlich. Nur ein morgendlicher Cocktail mit dem Kapitän und dem ersten Ingenieur wird zum täglichen Ritual. Das Kindermädchen und die Kinder sind schnell miteinander vertraut geworden, und aus dem schwierigen Namen Veronika wird "Ena". Und den behält sie bis an ihr Lebensende. Hans Lutz und Inge haben Freunde gefunden, und als für Renate eine Art "Ställchen" aufgetrieben wird, in dem sie krabbeln kann, braucht auch sie keine ständige Aufsicht mehr.

"Hans Lutz spielt den ganzen Tag mit seinem großen Freund Albert und macht vor allen Dingen am liebsten irgendwelche Dummheiten." Inge ist ein charmanter blonder Lockenkopf und hat sich zu ihrer Unterhaltung meistens Männer ausgesucht. Sie sitzt bei den Herren auf dem Schoß, geht an der Hand von "Onkel Boller" spazieren oder sieht sich in der Kabine ihres Freundes, dem Obersteward, Bilderbücher an.

Hans Lutz

Da sie, im Gegensatz zu ihrem großen Bruder, leidenschaftlich gerne futtert, nennt sie sich selber – die ja eigentlich Ingeborg heißt – "Ingebauch Dummerlack". Das zeigt schon jetzt den ihr eigenen ganz besonderen Witz, und dass sie alles andere als dumm ist. Diese Tatsache allerdings merken ihre Eltern zu ihrem Erstaunen erst, als sie in die Schule kommt. "Ingebauch Dummerlack" aber wird sie ihr ganzes Leben lang nicht mehr los!

Ingeborg und Renate

Wie immer geht es auch diesmal in der Biscaya nicht ohne Sturm. "Windstärke 8: recht stürmisch. Die ganze Familie und die meisten Passagiere sind seekrank. Elisabeth bleibt den ganzen Tag zu Bett. Mir selbst geht es gut." Darüber, wie es dem wahrscheinlich auch elenden Kindermädchen und den kranken Kindern geht, findet sich keinerlei Notiz! Schon am nächsten Tag ist der Spuk vorbei: Der Himmel ist blau und die See ruhig. Dafür wird es täglich heißer. Die Hitze lässt sie nachts kaum Schlaf finden.

Nach zweieinhalb Wochen auf hoher See erreicht der Dampfer Colon. "8. August. Sehr hübsche Fahrt durch den Kanal bei relativ kühlem Wetter. In Panama kommen noch einige Passagiere an Bord." Verlief die Reise bisher zügig und ohne Aufenthalt, so ändert sich das von hier an grundlegend. Und die Geduld der Passagiere wird immer wieder auf eine harte Probe gestellt. Denn erst jetzt werden sie mit der Tatsache konfrontiert, dass sie sich auf einem Frachtschiff befinden. Ständig werden Häfen angelaufen und Ware – meist Zucker –

gelöscht. Und da an Sonntagen nicht gearbeitet wird, liegt es dann manches Mal in öden Häfen, zu denen ein Ausflug sich in keiner Weise lohnt.

"11. August. Mittags kommt Puerto Bolivar in Sicht. Wir warten 2½ Stunden auf den Lotsen, sodaß wir erst um ½ 6 Uhr vor Anker liegen." Am nächsten Morgen: "Fahrt in einem Kanu an den Strand. Ein elendes Nest, bestehend aus wenigen dreckigen Buden und vielen Moskitos. Die 'Emden' erscheint am Horizont und läuft auf Sand. Bis spätabends hat sich der Dampfer noch nicht frei machen können."

"13. August. Morgens um 6 Uhr fahren wir aus. G.s.D.! Wir kommen an der Emden dicht vorbei, die rettungslos festzuliegen scheint. Um 2 Uhr Ankunft in Guayaquil [Ecuador; C.M.]. Nachmittags mit Elisabeth und den Kindern Spaziergang an Land."

So vergehen Tag um Tag und Woche um Woche. Allein fünf Tage bleibt das Schiff vor Lima liegen. Aber hier ist es wenigstens interessant, und das bringt Abwechslung in den oft langweiligen Tagesablauf. "24. August. Morgens um 8 Uhr fahren Elisabeth und ich an Land. Sehr hübsche Fahrt nach Lima, wo wir einige Einkäufe machen. Zum Frühstück in einem Hotel laden wir den Kapitän, den Ingenieur nebst 2 Herren ein, ganz gut. Abends wieder an Bord." Am nächsten Tag bleiben die Eltern bei der kleinen Renate auf dem Schiff und "die Kinder gehen mit Fräulein Hillmann an Land, wo sie den Zoo besichtigen. Um 7 Uhr kommt die ganze Gesellschaft begeistert zurück." Auch am nächsten Tag besuchen die Eltern wieder die Stadt und dort das Museum. "Im Zoo trinken wir Kaffee und sind um 6 Uhr wieder an Bord."

Am 27. August läuft das Schiff endlich aus, nachdem wieder einige Passagiere zugestiegen sind, unter ihnen auch eine Freundin von Frau Köppen. Diese Schiffsreise zieht sich in die Länge und scheint kein Ende nehmen zu wollen.

29. August: "Den ganzen Tag in dem Lausenest Zucker genommen. Eine Saubande, diese peruanischen Hafenarbeiter."

Am nächsten Tag, einem Sonntag, wird nachmittags natürlich überhaupt nicht gearbeitet. Immer mehr Passagiere haben ihr Ziel erreicht und verlassen das Schiff. Und immer noch ist es nicht möglich, das Ankunftsdatum in Antofagasta zu erfahren. Dabei muss dringend die Weiterfahrt von dort organisiert werden. Und es gibt noch einen zweiten wichtigen Anlass: In Antofagasta wartet ein ungeduldiger Bräutigam mit der Hochzeit auf seine Braut, die unter dem Schutz von Overlacks die Reise von Deutschland ins Unbekannte gewagt hatte.

Schon im Oktober hatte Ed von Araca aus seine Frau in Deutschland gebeten, sich ihrer anzunehmen. "Ich weiß nicht, ob ich Dir schon schrieb, daß Freund Scharfe (unser neuer Elektriker) in Bolivien verlobt ist und seine Braut so schnell wie nur eben möglich nach hier nachkommen lassen möchte. Nun scheint die Dame etwas ängstlich zu sein und nicht zu wagen, die Reise nach hier allein anzutreten. Ich hatte nun den Vorschlag gemacht, daß die Lady, mit Namen Lotte, sich mit Dir in Verbindung setzen soll, wegen einer eventuellen gemeinsamen Reise. Scharfe, der nebenbei auch sehr schüchtern ist, wagte bisher nicht, mit mir darüber zu sprechen, bis ich selber davon anfing. Nun ist der Mann Feuer und Flamme und wird Dir mit gleicher Post persönlich über alles schreiben. Ich empfehle Dir Scharfe. Er ist ein netter und gebildeter Mann, und ich wäre Dir dankbar, wenn Du Dich für seine Verheiraterei etwas interessieren würdest."

Am 3. September: "Ankunft in Arica. G.s.D. wieder in Chile." Jetzt endlich kann alles für die Weiterreise Notwendige in Gang gesetzt werden. Telegramme gehen in alle Richtungen. In Antofagasta wird die Ankunft für den 7. September angezeigt, die Weiterfahrt mit dem Zug muss organisiert werden und Araca benachrichtigt, dass das Auto zur Bahnstation in Eucaliptus geschickt wird. Denn die Reise soll möglichst zügig weitergehen, wird sie doch für die drei kleinen Kinder unvorstellbar strapaziös werden. Der letzte Halt, bevor sie endlich das Schiff verlassen können, ist Iquique, und hier lebt und arbeitet ein

Vetter von Elisabeth, der sie zusammen mit seiner Frau an Bord besucht. Das ist schon ein besonderes Ereignis für diese, dass Verwandtschaft aus Deutschland bei ihnen vorbeischaut. Und da Fräulein N. an diesem Tag ihren Polterabend feiert, dürfen Herr und Frau Rehm bis zum Auslaufen des Schiffes bei diesem Fest mitfeiern. Es ist ein etwas ungewöhnlicher Polterabend, da die Braut ihn ohne ihren Bräutigam begehen muss, der derweil in Antofagasta darauf wartet, dass sie zu ihm — im buchstäblichen Sinn des Wortes — in den Hafen der Ehe einläuft. "Später gibt Fräulein N. noch eine gute Bowle aus, die uns bis nach 1 Uhr nachts zusammenhält." Was zur Folge hat, dass das restliche Kofferpacken am nächsten Tag von einem netten kleinen Kater begleitet wird.

Endlich, am 7. September, morgens um 7 Uhr, erreicht der Dampfer Antofagasta, nachdem er einen ganzen Monat für diese Reise gebraucht hat: von Panama entlang an den Küsten von Kolumbien, Ecuador und Peru.

Trotz der frühen Morgenstunde kommen Danelsberg (der Vertreter der Firma), die Tante Dora Köppen und Scharpe, der Bräutigam, zur Begrüßung an Bord. "Abschiedsknallkümmel dort, Ausbooten sehr gut."

Noch am gleichen Abend wird die Hochzeit gefeiert. "Kolossaler Betrieb und ziemliche Bezechtheit. — Sehr glücklich sieht das Hochzeitspaar nicht aus!" Eine kurze Bemerkung, die viel aussagt: Nach über einem Jahr der Trennung, stehen sie sich endlich wieder gegenüber und müssen feststellen, dass sie sich recht fremd geworden sind. Statt nun in aller Ruhe zu ihrer Liebe und alten Vertrautheit zurückfinden zu können, sind sie schon am gleichen Abend verheiratet. Und das in einem fremden Land, umgeben von einer Menge der Braut meist unbekannter Leute. Wie sollen sie sich da nicht etwas verlassen vorkommen? Aber sie hatten keine andere Wahl und sind dann, wie die nächsten Monate zeigen werden, recht glücklich miteinander geworden. — Am nächsten Morgen findet sich die ganze Hochzeitsgesellschaft zum Frühstück auf dem Schiff ein.

Und schon am selben Abend sitzt die Familie Overlack mitsamt dem Kindermädchen im Zug. "Gepäck geht glatt durch den Zoll." Zwei Nächte und einen Tag sind sie unterwegs in der Eisenbahn. Nur in Uyuni, am Rand des großen Salzsees, müssen sie umsteigen. "Paß und Zollrevision an der Grenze gehen ohne Schwierigkeiten vonstatten." Die vielfältige Erfahrung hat die Vielreisenden gelehrt, dass das nicht unbedingt selbstverständlich ist. Die Kinder müssen wohl die lange Fahrt über recht brav gewesen sein, jedenfalls erübrigt sich jedwede Bemerkung über sie.

Einzug in ein neues Haus

Am übernächsten Tag, am 10. September "morgens um 9 Uhr Ankunft in Eucaliptus. Das Auto steht zur Abfahrt bereit, Autofahrt zur Mine tadellos. Um 3 Uhr nachmittags kommen wir an." Das Auto muss recht geräumig gewesen sein, wenn neben dem Fahrer noch drei Erwachsene und drei Kinder Platz darin hatten. Wie schnell bringt es sie heute ans Ziel! Brauchte man doch wenige Jahre zuvor noch zwei Tage für diese Reise, Ed und Elisabeth haben sie ja schon unzählige Male gemacht. Aber für die Kinder muss es eine Strapaze gewesen sein. Innerhalb von zwei Tagen werden sie aus dem warmen Antofagasta am Pazifik in eine Höhe von 5.000 Metern in das winterlich kalte Araca verfrachtet. Nur von Hans Lutz heißt es: "Er war auf der Autofahrt recht elend." Den beiden kleinen Mädchen scheint es nichts ausgemacht zu haben, dem Kindermädchen wohl auch nicht.
Das neue Haus, das Ed in der Abwesenheit seiner Frau gebaut hat, gefällt ihr ausnehmend gut. Auch wenn das eine oder andere noch nicht ganz fertiggestellt ist, kann es gleich bezogen werden. Sie packen aus und richten sich ein, ohne zu diesem Zeitpunkt auch nur im Entferntesten zu ahnen, von wie kurzer Dauer ihr Aufenthalt hier nur noch sein wird und wie unaufhaltsam es auf den endgültigen Abschied zusteuert.

Ed führt sein erster Weg natürlich ins Oficio und Ingenio, und er ist sehr zufrieden mit dem, was er dort vorfindet, wenn er auch viel Arbeit sieht, die dort auf ihn wartet. "Auch die Grube sieht recht gut aus." Am Sonntagnachmittag findet zu Ehren des heimgekehrten Patron ein Fußballmatch statt. So läuft alles recht gut an.

Nachdem im neuen Haus die letzten Arbeiten fertig geworden sind – Esszimmer und Veranda verglast –, wird das altgewohnte Leben wieder aufgenommen. Nur um wie viel einfacher ist alles geworden! Das Haus ist größer und geräumiger, praktischer und so viel heller als das alte, und da Ena die Kinder versorgt, hat die Mutter wesentlich weniger Arbeit als früher. Die beiden Großen haben ein eigenes Zimmer und schlafen in den neuen Betten, die der Vater noch vor seiner Abreise in La Paz gekauft hatte. Nur das Baby schläft bei den Eltern und bereitet denen manch schlaflose Nacht durch sein Geschrei. Nicht nur, dass es anscheinend ständig zahnt, auch mit dem Höhenklima hat es Probleme. Und das natürlich vor allem nachts. "Renate schläft keine Nacht durch, und der Vater schimpft wie ein Rohrspatz auf das Affenfrauenzimmer." Inge war bitter enttäuscht, dass sie bei ihrer Ankunft in Araca nicht von ihrer geliebten Doßi erwartet wurde. "Sie weinte fast, weil Doßi nicht da war, wie sie bestimmt gehofft hatte, und möchte am liebsten gleich wieder zu ihr: 'Doßi sagt dann: Oh, wie ist meine Inge aber groß geworden'!"

Und Hans Lutz, der sich so auf Araca gefreut hatte, gefällt es überhaupt nicht mehr in seiner alten, nun fremd gewordenen Heimat. Es ist ihm zu kalt, und seine ehemaligen Indianerfreunde sind ihm zu schmutzig. Doch es dauert nicht lange, bis die Kinder sich wieder eingelebt haben, am besten daran zu erkennen, dass Hans Lutz schon bald wieder abends genauso dreckig nach Hause kommt wie früher. Nach wie vor verbringt die Familie so oft als möglich die Wochenenden in Tanapaca.

Fräulein Hillmann, die sich mit Frau Ziegenbein und Frau Scharfe angefreundet hat, reitet an ihren freien Tagen mit den beiden Damen nach Tanapaca und kann in deren Gesellschaft ihre Freizeit dort verbringen. Jedes Mal, wenn das Kindermädchen nicht da ist, erscheint im Tagebuch des Vaters die Notiz: "Abends großes Haareschneiden und Baden mit den Kindern", als sei das so eine Art Alternativprogramm für die Familie an "kindermädchenlosen" Tagen. Ed hat jetzt so viel mehr freie Zeit, die er mit seiner Familie verbringen kann.

Von links nach rechts: Renate und Li, Ena, Ed und Hans Lutz

Im November fällt zum letzten Mal der Name Bengel bzw. der seiner Frau. "Morgens habe ich im neuen Haus fotografiert. Die Filme werden abends von Frau Bengel und Elisabeth entwickelt." Dann werden sie nicht mehr erwähnt. Bengels und auch Schulzes, die doch so glücklich in ihrem neuen Haus waren, verlassen Araca im Dezember endgültig. So sind von den alten Freunden nur noch Ziegenbein und sein Mitarbeiter Ravensburg geblieben. Und in Tanapaca Bilbao, der dort schon vor einiger Zeit die Nachfolge von Touchard angetreten hatte, der nicht auf Dauer von seiner großen Familie getrennt leben wollte. Neu in der Runde ist der Elektriker Scharfe, dessen junge Frau sich gut dort eingelebt hat und, seit gut einem Jahr, auch der Ingenieur Sznapka. Der heiratet im Dezember in Antofagasta und so kommt eine weitere junge Frau nach Araca.

Der Kreis der Mitarbeiter hat sich somit stark verändert. Nicht verändert hat sich die gute Gemeinschaft aller miteinander. Wie gewohnt trifft man sich auch jetzt zum freundschaftlichen abendlichen Zusammensein und zu gemeinsamen Unternehmungen. Und auch weiterhin ist Tanapaca der Erholungsort für alle. Ed hat die bewundernswerte Fähigkeit, seine Freizeit zu genießen und allen Ärger dann auch hinter sich zu lassen. Und Ärger hat er, weiß Gott, mehr als genug. Und der beginnt schon sehr bald nach ihrer Rückkehr.

Gleich am 1. Oktober erscheint eine vierköpfige Delegation Patiños, die, unter dessen leitendem Ingenieur Berry, den gesamten Betrieb bis in den letzten Winkel gründlichst kontrolliert, natürlich immer in Begleitung von Ed, der dazu die nötigen Berichte schreiben muss. Als die Gruppe nach neun Tagen endlich abreist, muss Ed sich zur Berichterstattung auf den Weg nach La Paz machen. Heißt es diesmal noch im Tagebuch: "Es sieht traurig aus", so hat sich nur zwei Wochen später die Lage schon dramatisch zugespitzt. Als Ed am 26. Oktober zum zweiten Mal in La Paz eintrifft, heißt es: "Sofort ins Office. Trepp ist sehr aufgeregt wegen Informe [Gutachterbericht; C.M.] von Adams, das eine Unverschämtheit ist! Abends das Pamphlet durchgearbeitet. Schlecht geschlafen!" Auch der ganze nächste Tag bis in die späte Nacht vergeht mit dem Durcharbeiten der Papiere. "Die Erwiderung wird saftig und kann sich Adams hinter den Spiegel stecken."

Adams ist der Bevollmächtigte von Patiño, der sich als rücksichtsloser Verhandlungspartner erweist. Er kämpft nicht nur mit harten Bandagen, sondern scheut sich nicht davor, mit unlauteren Mitteln und schäbigen Tricks zu arbeiten. Leider bleibt er bis zum Schluss Ed als Hauptansprechpartner erhalten, und damit sind die größten kommenden Probleme für ihn schon vorprogrammiert.

Ed nimmt auf der Rückfahrt, die über Orŭro, Patiños Hauptsitz, führt, Richard mit, den Sohn seines Freundes Gwinner, der schon oft die Ferien bei der Familie Overlack verbracht hat. Zur besonderen Freude von Hans Lutz, der in ihm einen zwar älteren, aber begehrten Spielgefährten hat. – Zu Hause angekommen, hat Ed noch eine ganze Zeit mit dem Durcharbeiten von Adams "Informe" zu tun. Dabei wird ihm erst das ganze Ausmaß der Unterstellungen und Lügen klar, mit denen der gearbeitet hat. Voll fassungsloser Empörung schreibt er in sein Notizbuch: "Adams ist ein Fälscher!! – Produktion von San José [Name der Mine; C.M.] einfach gefälscht!!"

Natürlich läuft neben dieser zusätzlichen zeitraubenden Arbeit der Betrieb auf der Mine weiter, einschließlich der unterschiedlichsten Probleme, die immer wieder auftauchen. Dazu gehört ein tödlicher Unfall, der sich in einer der Gruben ereignet. Und es fällt wieder mal für Stunden der Strom aus. Wie schon des Öfteren, sind bei den Calachaca die Leitungen an zwei Stellen gebrochen, und nun steht nicht nur das Ingenio still, sondern auch im Haus ist es kalt und dunkel. Aber Probleme sind dazu da, gelöst zu werden. "Scharfe reitet nach unten, und am Abend haben wir wieder Kraft." Zwischen dem allen das ständige Kommen und Gehen der verschiedensten Inspektoren Patiños. Auch wenn diese dem Patron nicht eben gefallen, so bleibt er doch stets der korrekte und höfliche Gastgeber.

10. November: "Zum Frühstück die beiden Yankees von Berry, die morgen abreisen, eingeladen. Na, die Kerle können schön saufen." Das Auto, das die beiden nach Eucaliptus bringt, ist ständig zwischen der Bahnstation und Araca unterwegs, Gäste, Angestellte und eben auch Abgesandte von Patiño müssen geholt und wieder weggebracht werden. Auch das geht nicht immer ohne gelegentlich auftretende Schwierigkeiten vonstatten. Einmal muss Ed mitten in der Nacht losreiten, um

seinen Chauffeur aus dem Gefängnis zu holen, was ihm erst nach langen Verhandlungen gelingt. Leider ist nicht überliefert, wie es zu diesem Zwischenfall kommen konnte.

Geht es dann am Wochenende nach Tanapaca, sind Arbeit und Ärger vergessen. 31. Oktober: "Morgens Informe [Berichte; C.M.] gegen Adams bearbeitet. Nachmittags Punkt 3 Uhr hübscher Ritt nach Tanapaca, wo ich gegen ¾ 5 Uhr eintreffe. Die ganze Familie war schon morgens um 9 Uhr vorgeritten, und ich treffe alle wohlbehalten an."

1. November, Todos los Santos: "Sehr hübscher und gemütlicher Tag." 2. November: "Morgens Spaziergang und Fuchs angeflickt [angeschossen; C.M.]. Leider vergebliche Suche nach ihm. Nachmittags mit der Familie und den Freunden Picknick, sehr nett." Am nächsten Tag reitet Ed allein zurück, die Familie bleibt noch dort. Nach tagelanger Arbeit an dem Informe gegen Adams kann er dieses Kapitel vorerst abschließen und die Arbeit nach La Paz schicken. So kann er das nächste Wochenende unbeschwert wieder nach Tanapaca reiten. Zu seiner großen Freude kamen ihm Richard Gwinner und Hans Lutz alleine auf ihren Maultieren ein ganzes Stück entgegen geritten. Beide nimmt er am nächsten Tag mit auf die Taubenjagd: "Resultat: 6 Tauben." Ob dem vierjährigen Jungen das Schießen auf die Vögel gefallen hat, wird nicht erwähnt. Immerhin, ein Jäger ist er später nicht geworden!

In der ersten Hälfte des Dezembers bleibt Ed ziemlich unbehelligt von ungeliebten Gästen. So kann er die Adventszeit im Kreis der Familie von Herzen genießen, die er ja ein Jahr zuvor so sehr vermisst hatte. Vor allem Hans Lutz ist voller gespannter Erwartung. Jeden Morgen ist er als Erster im Wohnzimmer, um nach der Schokolade zu suchen, die der Weihnachtsmann bei einem Besuch vielleicht versehentlich für ihn "geschlabbert" (verloren) hat. Und abends singt er zusammen mit dem Papacito Weihnachtslieder. Zum Leidwesen seiner Mutter singt er genauso begeistert, aber auch so entsetzlich falsch wie sein Vater.

Mit dem 17. Dezember ist die friedliche Atempause für den Patron vorbei. "Gegen ½ 6 Uhr abends kommen 2 Yankees hier an, die Bücher revidieren wollen, unsympathische Cojudos [Kojoten; C.M.]." 18. Dezember: "Die Yankees fastidiaren [ärgern; C.M.] sehr und schnüffeln alles durch. Ich bin fast den ganzen Tag mit der Bande beschäftigt." Nach wenigen Tagen bringt das Auto sie zurück zur Bahnstation, um gleichzeitig Berry, Yeatman und zwei Ingenieure mit zurückzubringen. Sie wurden, wie immer, im alten Haus der Familie untergebracht und essen im Hotel. Und sie bleiben bis nach Weihnachten. Zwar werden auch sie zwischendurch mal im Hause Overlack zum nachmittäglichen Tee eingeladen, aber nicht an den Festtagen.

Bis zum Mittag des 24. Dezember halten Konferenzen mit ihnen Ed fest. Dann kann auch für ihn Weihnachten beginnen. Der in La Paz bestellte Weihnachtsbaum ist nicht gekommen, so muss schnell noch jemand ins Tal und Ersatz holen. "Gegen 17 Uhr kommt der Weihnachtsbaum, den ich so schnell putze, dass die Bescherung um 19 Uhr stattfinden kann." Nichts trübt das Glück und die Freude an diesem Heiligen Abend mit den Kindern. Die einjährige Renate bricht in Jubel aus beim Anblick der vielen Kerzen. "Noch mehr Spaß machen ihr aber die gefüllten Teller auf den einzelnen Tischen, die sie gleich alle untersucht. Sobald sie sich unbeobachtet fühlt, lehnt sie sich an den kleinen Tisch unter dem Baum und pflückt die für sie erreichbaren Nascherneien." Später am Abend kommen Ziegenbeins und Scharfes und alle sitzen bis 23 Uhr zusammen. "Sehr schönes Familienfest."

Am ersten Weihnachtstag muss Ed früh raus, um Berry und Yeatman zu verabschieden. Der zweite Weihnachtstag ist ein Arbeitstag wie jeder andere. "Nachmittags fahren die letzten zwei Yankees ab. Gott sei Dank!" –

Die letzten Tage des Jahres vergehen ruhig. Ed hat Zeit für seine Familie, zum Skatspielen mit seinen Freunden und für die Beschäftigung mit seinen geliebten Briefmarken. Silvester wird mit den letzten verbliebenen Freunden, Ziegenbeins und Scharfes, mit Sekt und Bleigießerei gefeiert. Und auch das neue Jahr beginnt mit einem ziemlich heftigen Frühschoppen und anschließendem gemeinsamen Frühstück bei Overlacks. "Nachmittags Spaziergang und Picknick, abends brennen zum letzten Mal die Kerzen am Weihnachtsbaum, und dann liegen wir alle um 20.30 Uhr im Bett."

Unerfreuliche Verhandlungen um die Zukunft der Mine

So hat das Jahr 1926 fröhlich und unbeschwert begonnen, obwohl jeder weiß, dass es ein Jahr großer Veränderungen und Einschnitte werden wird. Und das nicht nur für die Familie! Denn auf der Mine weht jetzt schon ein anderer Wind, deutlich spürbar am 4. Januar: "Im Oficio und Ingenio ist viel zu tun, da wir viele Leute entlassen müssen." Ob es dem Patron so leichtgefallen ist, wie es sich liest, Angestellten und Arbeitern die Papiere zu geben, mit denen er sicher zum Teil schon länger zusammengearbeitet hat? Aber er hat keine Wahl, weiß er doch, dass auch seine Zeit in Araca bald abgelaufen ist. Und der Augenblick kommt schneller, als er gedacht hat.
24. Januar: "Brief von Trepp mit der Nachricht, daß das Direktorium seine Remmaia [Kündigung; C.M.] angenommen hat. Die Herrlichkeit hier wird also nicht mehr lange dauern." Diese doch ziemlich bedeutsame Nachricht raubt Ed offensichtlich nicht die Ruhe, denn im weiteren Abschnitt heißt es: "Lange Siesta, die köstlich bekommt, abends Schnaps bei Ziegenbeins. – Ich fange schon an, Verschiedenes zu verkloppen!" Wenn auch die Entscheidungen so weit schon gefallen sind, heißt das leider keineswegs, dass deswegen die Schwierigkeiten, die der neue Besitzer macht, weniger werden. Im Gegenteil. "Dibbs, einer von Patiños leitenden Ingenieuren, der sich mal wieder von der rechten Seite! zeigt, kommt mit 5 Mann zur Besichtigung. Natürlich 1.000 Reclames [Reklamationen; C.M.]."

Es ist bewundernswert, wie es Ed gelingt, seinen beruflichen Ärger von seinem Privatleben zu trennen. Er genießt weiterhin die schönen Seiten des Lebens. Auch für Besuch ist nach wie vor Zeit und Platz. Diesmal kommt der große Bruder von Richard Gwinner, Hans, zusammen mit Gerhard Kyllmann, und die beiden verleben – wie schon öfters – ihre Ferien im Hause Overlack. "Abends spielen wir zu Hause '66', wobei wir uns köstlich amüsieren."

Auch die Geburtstage werden gebührend gefeiert. 23. Januar: "Geburtstag vom alten Vater [der 35.; C.M.]. Reicher Geburtstagstisch. Abends großer Betrieb bei uns mit 14 Personen. Es herrscht eine sehr gute Stimmung, die uns bis ½ 2 Uhr nachts zusammenhält." 25. Januar: "Elisabeths Geburtstag. Sehr netter Gabentisch. Nachmittags großen Geburtstagstee. Abends G.s.D. allein."

Als Letztes folgt am ersten Februar Fräulein Hillmanns Geburtstag. "Sie bekommt viel geschenkt und ist sehr glücklich. Nachmittags großer Damenkaffee."

In allen Tagebuch-Eintragungen findet sich nirgends ein Hinweis darauf, dass der Familienvater sich irgendwelche Sorgen um seine Zukunft macht. Zwar war schon lange klar, dass sie nicht mehr all zu lange in Araca bleiben und in absehbarer Zeit nach Deutschland zurückkehren wollten. Aber nie haben sie geglaubt, dass ihnen jede eigene Planung aus der Hand genommen werden würde, dazu unter derartig unwürdigen Umständen. Am 12. Februar kommt das endgültige Aus. "Die Post bringt die hochinteressante Nachricht, daß Patiño die Mine am 1. März übernehmen wird! Ich werde zum 1. März abgesetzt und soll kommenden Freitag [20. Februar; C.M.] nach Orŭro kommen, um alles mit den Leuten zu besprechen! Ich bin sehr gespannt, wie diese Unterredung ausfallen wird, da ich $ 25.000 reklamiere!"

Wenn auch seit langem erwartet, so ist es doch kaum nachzuvollziehen, dass es möglich ist, dem Generaldirektor der Mine innerhalb einer Frist von zwei Wochen die Kündigung per Post zu schicken. Immerhin hat nun die zermürbende Ungewissheit ein Ende. So nimmt Ed die ganze Angelegenheit mit Gelassenheit zur Kenntnis.

Gleich am Tag nach Erhalt des entscheidenden Briefes reitet die Familie für einige Tage nach Tanapaca. Es ist Karneval, und vor dem kann man nur Reißaus nehmen. "Hier unten herrscht himmlische Ruhe, und vom Karneval ist nichts zu merken." Das heißt aber nicht, dass hier nicht auch tüchtig gefeiert wird. Am Rosenmontag "gegen Abend ein großer 'Dia del Campo' im Garten. Es gibt Kalb am Rost mit Beilagen, und es ist mit Laternenbeleuchtung sehr gemütlich. Auch Salisburg kommt nach unten. Später wird bei Bilbaos wieder getanzt." Die beiden nächsten Tage vergehen mit dem Inventar-Machen und Packen, aber auch mit Spaziergängen und Zusammensein mit Ziegenbeins. "Den vielleicht letzten Abend in Tanapaca in unserem 'Salon' gesessen, da es draußen empfindlich kalt ist."

Dann reitet Elisabeth mit Ed nach oben, um mit ihm die Reise nach Orūro vorzubereiten, und um selber ungestört mit der Planung des Umzugs zu beginnen. Darum lassen sie die Kinder in der bewährten Obhut ihrer Ena unten zurück. Ed fährt am 19. Februar ab, und Elisabeth fängt derweil mit der Auflösung ihres Haushaltes an. Was bleibt zurück, was lässt sich eventuell verkaufen, was ist unentbehrlich und muss mit auf die Reise? Das große Abschiednehmen von Araca nimmt konkrete Gestalt an. Wie wird es Elisabeth dabei zumute gewesen sein? Ganz allein mit den Erinnerungen an die ereignisreichen vergangenen sechs Jahre und wahrscheinlich auch mit der Angst vor einer ungewissen Zukunft. Sicherlich hat sie gegen die in ihr sitzende pessimistische Lebenshaltung anzukämpfen, die sich in dieser Situation wieder mal meldet. Aber sicher ist auch ihr großes Vertrauen in die Fähigkeiten ihres Mannes stärker als alles andere. Und ganz sicher ist, dass die Freude, wieder nach Deutschland zurückzukehren, alles andere überstrahlt.

Die Übergabe der Mine an Patiño

Für Ed beginnt die Fahrt gleich mit einigen Autopannen, und endlich in Eucaliptus angekommen, sieht es dort mit der Weiterreise im Zug schlecht aus, "da die Pampa unter Wasser steht". Trotzdem erreicht er doch noch am späten Abend Orŭro, sodass der Termin mit Patiño wie geplant stattfinden kann. Bevor er zur anberaumten Konferenz geht, berät er sich mit Gebhard, einem Kollegen, und einem Advokaten. Dann erscheint Patiño gar nicht, sondern lässt sich wieder mal durch Dibbs vertreten. Zwar findet das Gespräch in erstaunlich entspannter Atmosphäre statt, aber, wie eigentlich zu erwarten war, soll Ed nur ein Teil der von ihm geforderten Abfindung ausgezahlt werden. Darum sucht er gleich im Anschluss an die Besprechung wieder den Advokaten auf, von dem er ein Schriftstück mit seinen Bedingungen aufsetzen lässt. Den Abend beschließt Ed mit einem Kinobesuch.

Der nächste Tag ist ein Sonntag und gehört ganz der Entspannung und Erholung. Auf der Plaza trifft er Gebhards, die ihn einladen, den Tag mit ihnen zu verbringen. Nach einem Frühstück in ihrem Haus fahren sie mit dem Auto zu den in der Nähe gelegenen warmen Quellen. "Gemeinsames Abendessen mit Gebhard im Klub Orŭro, recht gut. Nachher Abendschoppen im deutschen Klub, von wo aus ich um 11 Uhr ins Hotel gehe."

Am Montag fährt Ed zur endgültigen Klärung seiner beruflichen Angelegenheiten nach La Paz, wo er von Frau Gwinner an der Bahn abgeholt wird. Bei den Rücksprachen mit Trepp ist schnell klar, dass er das bisschen Hoffnung, das er auf eine berufliche Übergangslösung in La Paz noch hatte, endgültig begraben muss. "Morgens mit Trepp alles besprochen. Eine neue Anstellung scheint aussichtslos. Wir werden wohl nach drüben reisen müssen!"

Das ist nun endgültig klar. Also macht Ed, realistisch und pragmatisch wie immer, sich umgehend an die Umsetzung der für

diesen Fall vorgesehenen Pläne. Er bringt in La Paz "seine Angelegenheiten in Ordnung" und bestellt bei Danelsberg eine
Passage auf der "Rhodopis" für Mitte April. Nach einer Abwesenheit von einer knappen Woche ist Ed wieder zu Hause
und kann mit seiner Frau die Ergebnisse seiner Reise und ihr
weiteres Vorgehen besprechen. Inzwischen ist auch Fräulein
Hillmann mit den Kindern wieder oben. Sie hat schlimme Tage
in Tanapaca hinter sich, da Inge dort schwer erkrankte und
Ena voller Sorge Tag und Nacht an ihrem Bett gesessen hat.
Jahrelang noch hat sie von ihrer dabei ausgestandenen Angst
erzählt.

Die letzten Wochen vergehen mit der Auflösung des Haushaltes. Es wird verkauft, was irgend möglich ist, und gepackt.
Eds Motorrad ist schon einige Monate zuvor in den Besitz von
Herrn Ziegenbein übergegangen. "Er will es für 500,– Bolivianos haben. Ich lasse es ihm dafür." Mehr bringt ihm sein Dril-
ling (Jagdgewehr) plus Zubehör ein, das für 950,– Bolivianos
von einem Bekannten erstanden wird. Der 27. Februar bringt
das endgültige "Aus": "Gegen ¼ 4 Uhr kommen 3 Autos mit 11
Mann angefahren, die die 'Empresa' übernehmen sollen. Der
Schweinehund Adams ist natürlich dabei und soll mein Nach-
folger werden. G.s.D. können wir alle unterbringen. Morgen
soll ich meine 'Stellung' übergeben."

1926 – Abschied von Araca

28. Februar: "Konferenz mit Adams. Ich schreibe ein Zirku-
lar mit der Mitteilung meines Rücktritts an sämtliche Chefs."
1. März: "Morgens Übergabe der E.E.A. an die geliebten! Yankees. Es geht alles in Friede und Freundschaft? über die Bühne.
Die Inventuren von mir werden anerkannt." Einige Tage noch
ist Ed mit den "neuen Herren" unterwegs zu den verschiedenen Minen. Er erstellt Inventuren der einzelnen Ingenios und
Wohnungen – auch die Übergabe der Finca in Tanapaca gehört dazu. Dazwischen im Notizbuch wieder die Feststellung:

"Adams ist ein kompletter Schweinehund!" Und ausgerechnet ihm muss Ed die Frucht seiner jahrelangen Arbeit übergeben. Und ihm ebenfalls alle seine langjährigen Mitarbeiter überlassen. Die richten ihm ein großes Abschiedsfest aus und überreichen ihm ein dickes Werk über Bolivien.

Wirklich hart trifft der Abschied Feliciano. Etwa zehn Jahre lang hatte er nicht nur als Koch für die Familie gearbeitet, sondern er war immer auch der stets hilfsbereite gute Geist des Hauses. Und er hatte eine sichere und anerkannte Stellung bei der Familie Overlack. Die Kinder liebten ihn und spielten bei ihm in der Küche. Inge erzählte noch als alte Frau von "ihrem Feliciano". Der sieht nun einer ungewissen Zukunft entgegen. Selbst wenn er wegen seiner Tüchtigkeit weiterhin beschäftigt werden sollte: Unter welchen Bedingungen wird das sein? Hat sich doch längst gezeigt, dass ein anderer Geist in Araca einkehren wird. Elisabeth schreibt: "Feliciano heult fast täglich. Und wenn ich mit Hans Lutz schimpfe, nimmt er ihn weinend auf den Arm und ist böse mit mir und sagt: 'Du darfst ihn auf der Reise aber nicht hauen, Señora!'"

Als die leidige Übergabe endlich überstanden ist, beginnt endgültig das große Packen. 9. März: "13 Koffer gepackt!!! Die Sache flutscht!" Am nächsten Tag werden weitere fünf geschafft, und so geht es Tag für Tag weiter. 12. März: "13 eingenähte Gepäckstücke gehen nach Eucaliptus ab." Inzwischen ist auch das sehnlich erwartete Kabel eingetroffen, dass in Antofagasta für Anfang April zwei Kabinen für sie auf der "Rhodopis" reserviert sind. Und aus La Paz kommen die Pässe visiert zurück. Daraufhin beschließen die Eltern den Tag der Abreise für den 19. März. – Dazwischen im Tagebuch, dick unterstrichen: "Krefeld ist am 1. Februar frei von der französischen Besatzung geworden." Damit ist, so viele Jahre nach Kriegsende, das Rheinland die oft als Bedrückung und Schikane empfundene Besatzung durch Frankreich los. –

17. März: "Gepäck – 12 Bultis – bis 5 Uhr nachmittags fertig gemacht. Abschiedskaffee bei Sznapkas." Zu Hause ist es nun

leer und ungemütlich, und da sind die Einladungen bei den Freunden besonders willkommen. 18. März: "Gepäck geht um 9 Uhr ab. Letzter Tag in Araca! Zum Postschnaps und Abendessen sind wir bei Ziegenbeins. Letzte Nacht in Araca recht gut." 19. März, der Tag der Abreise ist gekommen: "Punkt 10 Uhr Abfahrt nach Eucaliptus bei schönstem Wetter! Der Abschied fällt mir nicht sehr schwer! Frühstück in Caxata. Um 4 Uhr Ankunft in Eucaliptus."

Hier trennen sich erst einmal ihre Wege. Während die Familie nach Antofagasta weiterfährt, muss Ed noch einmal nach Orŭro, um dort seine letzten Angelegenheiten zu erledigen. Was als kurzer Abstecher gedacht war, erweist sich wieder mal als unerfreuliche und zähe Verhandlung, fast als Schikane. Das fängt schon am ersten Morgen an, als Eds Weg natürlich gleich zu Patiño führt, "wo ich natürlich wieder nichts erledigen kann. Verdammte Bummelei!" Und dabei bleibt es nicht. Tag um Tag muss Ed seine Abreise verschieben, und Tag für Tag muss er Elisabeth per Kabel davon in Kenntnis setzen. Schließlich verschwinden die beiden Haupt-Bevollmächtigten, Dibbs und Pacheco, von dem auch früher schon die Rede war, kurzerhand völlig von der Bildfläche. "Die Schweineohren sind ausgebüchst! Mit Hilfe des Advokaten 2 Kabel hinter den Knaben hergeschickt!"

Daraufhin antwortet Dibbs, er habe mit der ganzen Sache nichts zu tun. Pacheco reagiert überhaupt nicht. Dann endlich lässt Patiño Ed benachrichtigen, dass sich am kommenden Montag alles entscheiden solle. Aber der Montag verstreicht wieder, bis Ed endlich am Abend Pacheco in dessen Haus erreicht. "Kurze Unterredung mit ihm, aber er ist so ängstlich, daß er überhaupt nichts sagt." Am nächsten Tag lässt Patiño sich herab, die Sache zu einem Abschluss zu bringen, nachdem er Ed zehn Tage lang hat hängen lassen.

Dienstag, 30. März: "Morgens bei Patiño. Nach langen zähen Verhandlungen einigen wir uns auf 30.000,– Bs [Bolivianos; C.M.]. Dazu kommen noch 7.000,– Bs für Gehalt und Ausga-

ben. Ich mache nun alles fertig, um heute abend reisen zu können, Abendessen bei Gebhards. Um 11 Uhr Abfahrt mit dem Zug nach Antofagasta. G.s.D.!"
Bis hierher also, Ärger, nichts als Ärger!? Nein, nicht nur! Denn das Leben hat ja auch noch eine andere, private Seite. Und Ed wäre nicht Ed, hätte er nicht auch hier manche Freunde und Bekannte, zu denen er nach Hause oder zu gemeinsamen Unternehmungen eingeladen wird. Und auch hier, wie überall, gibt es einen deutschen Klub, in dem man sich trifft. 20. März: "Abends Festlichkeit im deutschen Klub, wo es recht gemütlich ist, und wo ich bis 3 Uhr morgens bleibe."
27. März: "Zum Abendessen bei Feistens. Doller Betrieb. Erst um 4 Uhr früh zu Bett." Sonntag, 28. März: "Frühschoppen bei Zimmers. Um 1 Uhr zum Frühstück zu Frufs, recht gut. Nachmittags fährt die ganze Gesellschaft in 6 Autos nach Kalakaka, wo wir Tee trinken. Um ½ 7 Uhr wieder zu Hause. Dann bin ich ausgekniffen und habe nach dem Abendessen einen kurzen Bummel über die Plaza gemacht und früh zu Bett." Hin und wieder geht er abends ins "Kintopp", allein oder auch mit anderen. So kommt bei ihm nie Langeweile auf. Die erwischt ihn dann erst im Zug. 31. März: "Langweilige Fahrt!" Endlich kommt er ans Ziel. 1. April: "Um 6 Uhr früh Ankunft in Chile. Elisabeth holt mich vom Bahnhof ab."

Ferientage in Antofagasta

Antofagasta liegt am Pazifik. Jetzt ist Sommer, und nun kann der Vater noch zwei sonnige Ferienwochen mit der Familie genießen und dabei den ganzen Ärger, der hinter ihm liegt, vergessen. Die Mutter, Ena und die Kinder hatten das Baden im Meer schon ausgiebig ausgekostet. Hans Lutz war in lautem Jubel ausgebrochen, als sie zum ersten Mal an den Strand kamen. Aber als Nackedei zu baden, war ihm doch zu genierlich. Also nähte die Mutter schnellstens einen Badeanzug. Dann war er bei jedem Wetter im Wasser und kaum zu bewegen, wieder herauszukommen. Auch Schwester Inge fand es höchst vergnüglich, im Wasser herum zu plantschen. Aber das war sofort aus, als sie einmal von einer kleinen Welle überspült wurde. Ihr konsequentes "Ich wäre beinahe vertrunken" war nicht zu überwinden, und dabei blieb sie.

Dazu gab es noch einen anderen Anziehungspunkt für die Kinder – einen großen Spielplatz. Nachdem sie ihre anfängliche Scheu vor den ihnen fremden Geräten überwunden hatten, verbrachten die Erwachsenen manche Stunde damit, ihnen beim Schaukeln, Rutschen und Klettern zuzusehen. Da Vater, Mutter und Ena sich abwechseln konnten, hatten alle auch für ihre eigenen Unternehmungen genug Zeit. Denn auch hier haben sie manche Bekannte, mit denen es die üblichen Treffen, Einladungen, Früh- und Dämmerschoppen gibt, abendliche Kinobesuche und Bummel über die Plaza.

Vor allem ist hier die Allerwichtigste "Tante Dora", wie Frau Köppen inzwischen nicht nur von den Kindern genannt wird. Als Ostern kommt, gibt es "fröhliches Ostereiersuchen mit den Kindern im Speisesaal des Hotels. Nachmittags in die dtsch. Schule mit nochmaligem Eiersuchen." So ist alles frohes Miteinander.

Aber bei der ungetrübten Ferienlaune bleibt es nicht. Elisabeth wird immer unruhiger und unleidiger. Und dann wird ihr Verdacht zur Gewissheit. Sie ist wieder schwanger! Und eine Schwangerschaft zu diesem Zeitpunkt kann wirklich nicht ungelegener kommen. Sie fahren mit drei Kindern – Hans Lutz ist eben fünf Jahre alt geworden – einer noch ungewissen Zukunft entgegen. Elisabeth lässt ihren ganzen Frust an ihrem Ehemann aus. 7. April: "Elisabeth behandelt mich 'en Canaille', wohl weil anscheinend wieder ein Baby unterwegs ist. – Schlechte Nacht!" – Das Ganze dick unterstrichen. Doch zum Glück verzieht sich dieses Ungewitter wieder. Was bleibt Elisabeth anders übrig, als sich mit den Gegebenheiten abzufinden. So verleben sie alle gemeinsam noch entspannte Ferientage, bis am 15. April um ½ 1 Uhr die "Rhodopis" einläuft.

"Punkt 3 Uhr gehen wir an Bord. Abschiedscocktail mit Tante Dora und Danelsberg." Am gleichen Abend noch läuft das Schiff aus. Auch auf dieser dritten und letzten Reise nach Deutschland ist Elisabeth, zum dritten Mal, schwanger. Nicht unbedingt die günstigste Voraussetzung für eine so lange Reise.

Wieder geht es die Küste entlang nach Norden. Diesmal wird in den verschiedenen Häfen hauptsächlich Salpeter gelöscht. Aber nie gibt es dabei unnötig lange Aufenthalte. Gelegentlich, wie in Lima, wird ein Landausflug gemacht. Zunächst herrscht ausgesprochen angenehmes Klima, bis es allmählich heißer wird. 25. April: "Ecuador. Sehr hübsche Einfahrt nach Guayaquil, wo wir kurz nach 6 Uhr abends einlaufen. Ganz dolle Hitze, wie wir bisher noch nicht erlebt haben! Sehr viel Moskitos an Bord. Die Nacht ist unerträglich."

Diesmal entwickelt sich auf dem Schiff eine ganz besonders gute Gemeinschaft. "Immer herrscht eine nette und einträgliche Stimmung an Bord." Es sind viel Kinder dabei, sodass an Spielgefährten kein Mangel ist. Das bedeutet Entlastung für die beiden Eltern und auch für das Kindermädchen. Es gibt sogar ein kleines Schwimmbad, das fleißig in Anspruch genommen wird. Für die Kinder und auch für die Erwachsenen ist für reichlich Abwechslung und Geselligkeit gesorgt. Ed ist zufrieden, als sich nach einigen Tagen dann auch noch seine Cocktailrunde zusammenfindet. Nicht nur die Kinder spielen, sondern auch die Erwachsenen machen gemeinsame Bordspiele oder baden.

Der Vater hat jetzt so richtig Zeit für seine Kinder, besonders für seine Jüngste. Er nimmt sie an die Hand und geht mit ihr spazieren oder lässt sie auf seinen Schultern reiten, bis sie vor Vergnügen jauchzt. Es ist, als ob er sich endlich uneingeschränkt mit Renate anfreundet. Die ist überhaupt der erklärte Liebling der ganzen Gesellschaft. Als Hans Lutz gefragt wird, ob er nicht seine kleine Schwester verschenken wolle, antwortet er in aller Ernsthaftigkeit unter dem Gelächter aller

Umstehenden: "Jetzt noch nicht, aber wenn wir in Deutschland angekommen sind, will ich sie dir schenken, dann kriegen wir nämlich bald eine neue Renate, die habe ich beim Storch bestellt."

Hinten, 2. von links, Li, davor Ena, Ed mit Schirmmütze

Es finden sich auch immer genug Erwachsene zum Spielen zusammen: "Morgens wird Skat gespielt und geknobelt. Gewonnen! Abends bis 10 Uhr Casino gespielt." Am nächsten Tag: "Im Knobeln 2x verloren, dafür später 2 Flaschen Sekt gewonnen. Abends Tanz bis 24 Uhr. Selbst ich tanze fast ununterbrochen und lerne viel dabei. Die Stimmung ist sehr gut." – Auch Fräulein Hillmann ist immer eine begehrte Tanzpartnerin. Ein anderes Mal: "Morgens Casino, abends trinken wir eine Flasche Rheinwein, die ich beim Casino verloren habe." So läuft das in dieser Spielgemeinschaft. Es wird zwar mit Einsatz gespielt, aber die Gewinne werden danach gemeinsam verjubelt. Der letzte Eintrag zu diesem fröhlichen Leben an Bord; "Sehr fideles Casino – Abend mit Pisco. Gegen 23 Uhr versteigere ich einen Wecker, der 46,55 amerikanische Dollar einbringt."

Auch das Ehepaar erlebt schöne, entspannte und glückliche Wochen. Nachdem der Schock der erneuten Schwangerschaft überwunden ist, ist der eheliche Frieden wieder hergestellt. So notiert Ed schon zu Beginn der Reise: "Um 22 Uhr gehen wir zu Bett, das G.s.D. recht breit ist." – "Elisabeth ist sehr nett zu mir, und abends schlafen wir selten vor 24 Uhr ein. Der Schlaf ist dementsprechend gut."

Am Pfingstsonntag wird die Reise mit einem "Kapitänsdinner" offiziell beendet. "Ich ziehe den Smoking an. Alles ist festlich geschmückt. Nach dem Abendessen ist Tanz im Damensalon bis ¾ 1 Uhr. Ich gebe 2 sehr gute Ananasbowlen aus."

Damit ist der gesellige Teil der Reise vorbei, und es beginnt mal wieder das große Packen. Als das Schiff in die Schelde einfährt, kommt ein Arzt an Bord. Es gibt noch einen gemeinsamen Abschiedspunsch, und am 27. Mai ist die Schiffsreise in Antwerpen beendet. Hier wird gleich der Zug bestiegen, und noch am gleichen Abend erreichen die Heimkehrer Krefeld. Hier erwartet sie am Bahnhof die ganze Familie – auch Doßi ist zu ihrem Empfang gekommen. Sie sind angekommen. Ein neuer, noch völlig ungewisser Lebensabschnitt beginnt.

Neuanfang in Deutschland

Suche nach Arbeit und neuer Heimat

Es war ein weiter Weg, den meine Eltern bis hierher gegangen sind. Es war eine Geschichte von Sich-Finden, Verlieren und Wiederfinden, bis sie knapp zwölfeinhalb Jahre später nach Deutschland zurückkehren. Aufgebrochen war im Januar 1914 jeder für sich allein, voller Abenteuerlust in eine verlockende, unbekannte Zukunft. Nun sind sie eine Familie mit drei Kindern und in Erwartung des vierten. Und wieder liegt eine Zukunft vor ihnen, von der sie nicht wissen, was sie ihnen bringen wird. Aber sie sind voller Glück, wieder in der Heimat zu sein, und voller Hoffnung, dass ihnen der gemeinsame Neuanfang gelingen wird. So gut es ging, haben sie, vor allem in finanzieller Hinsicht, vorgesorgt und sind so gut gerüstet und abgesichert. Sie steigen im Hotel "Krefelder Hof" ab und feiern mit der Familie die glückliche Ankunft und das Wiedersehen. "Wir klönen bis nach Mitternacht."

Schon am nächsten Tag geht es auf Wohnungssuche für die Übergangszeit, da das Hotel natürlich auf Dauer zu teuer ist, und am selben Abend können sie in eine kleine Pension im Dorf Vluyn umziehen, das nördlich von Krefeld liegt. Aber sehr schnell merken sie, dass das keine gute Entscheidung war, sogar ein totaler Reinfall. "Es ist doch sehr bescheiden. Abends gibt es ein so kümmerliches Essen, daß wir hungrig zu Bett gehen." Also geht die Suche weiter.

Ein paar Tage allerdings müssen sie sich gedulden, dann können sie in eine nette Pension im Dorf Kampen umziehen. Hier haben sie noch den Vorteil, dass sie ganz in der Nähe von Hörstgen (heute Kamp-Lintfort) sind, wo Vetter und Cousine ein großes Gut bewirtschaften und wo auf dem Altenteil auch noch eine Schwester meiner Großmutter mit ihrem Mann lebt. Auch weitere Verwandtschaft wohnt ganz nah, sodass Anlass für viele gegenseitige Besuche gegeben ist. Hier fühlt sich die Familie sehr wohl. Die Kinder haben in dem Dorf Platz und Freiraum zum Spielen, und, da sie in einer Pension leben, kommt meine Mutter erst einmal ohne zusätzliche Hilfe aus, denn Fräulein Hillmann verlässt die Familie. Sie fährt am ersten Juni zu ihrer Mutter nach Waren, wo sie bald eine neue Stellung antritt. Renate sagt: "Ena ist über alle Berge."

Als die familiären Angelegenheiten in geordneten Bahnen laufen, kann der Vater sich in aller Ruhe seinen persönlichen Vorhaben widmen. Und da steht an erster Stelle der Erwerb eines Jagdscheins, sodass den Jagdausflügen mit Vater und Brüdern nichts mehr im Wege steht. An zweiter Stelle steht der Autokauf. Er sieht sich verschiedene Autos an, macht auch gleich einige Probefahrten und entscheidet sich dann schnell. Schon am nächsten Tag kauft er eine Opel-Limousine, "da sie recht nett aussieht!" Sicher ein nicht zu widerlegendes Argument für einen Autokauf. Und noch am selben Tag nimmt er die erste Fahrstunde. Aber warum muss er noch Autofahren lernen? War er doch in Bolivien längst Besitzer eines Autos! Die Antwort ist einfach: Dort hatte er einen Chauffeur! Es ist der 1. Juni: "Um 4 Uhr erste Fahrstunde. Ich fahr schon ziemlich selbstständig." Vier Tage später kann er stolz vermerken: "Ich habe heute rückwärts fahren gelernt."

Manche Zeit verbringt mein Vater mit der Suche nach einer geeigneten Bleibe für seine Familie. Und schon verhältnismäßig schnell hat seine Suche Erfolg. Er findet ein Haus, das sie schon zum 1. Juli mieten können und das auch meiner Mutter gut gefällt. Bevor sie es beziehen, macht mein Vater das Haus bezugsfertig und bringt zusammen mit einem Gärtner den Garten in Ordnung.

Das Haus muss wohl voll möbliert gewesen sein, wie sonst hätten sie so schnell ein ganzes Haus einrichten können; gab es damals noch nicht die Möglichkeit, die man heute hat, das Notwendigste in große Container zu packen und mit auf die Reise zu schicken. Später hat meine Mutter Möbel, Hausrat, Geschirr usw. viel auf Auktionen gekauft. Nun hat das Provisorium ein vorläufiges Ende, und am 1. Juli 1926 bezieht die Familie in Krefeld in der Tenderingstraße ein schönes, geräumiges Einfamilienhaus. Nun kommt meine Mutter natürlich nicht mehr ohne Hilfe aus. Und so halten zwei Dienstmädchen, Else und Käte, Einzug ins Haus. Jetzt können Hans Lutz und Inge morgens in den nahegelegenen Kindergarten gehen, was ihnen viel Spaß macht. Renate möchte schrecklich gern auch dort mitspielen, aber sie ist noch zu klein. Für die Mamita ist es eine echte Entlastung, dass die beiden Großen morgens versorgt sind, denn Hans Lutz ist inzwischen ein richtiger Raudi geworden, der kaum zu bändigen ist, wenn er sich nicht ordentlich austoben kann.

"Jeden Nachmittag ist er mit ca. 10 Jungen auf dem nahegelegenen Bauplatz, wo sie zusammen spielen, Hütten bauen etc.

Ein Vater sagte von ihm, er wäre der größte 'Stropp' der Straße und Anführer aller Dummheiten – und alle parierten ihm. Zu Hause ist er oft flegelhaft und schimpft mit Else und Käte und tobt wie ein Verrückter", schreibt die Mutter.

Ganz anders ist Schwester Inge. Genau wie der Bruder liebt sie den Kindergarten. Aber anders als er bleibt sie dann am liebsten im Haus. Selbst zum gemeinsamen Spaziergang muss sie fast gezwungen werden. Mit ihrem blonden Lockenkopf, den großen staunenden Augen und ihrem Charme bezaubert sie weiterhin alle. Aber immer noch hapert es mit dem fehlerfreien Sprechen. Dafür singt sie leidenschaftlich gern, aber – zum Leidwesen ihrer Mutter – genauso falsch wie ihr Bruder.

So kommt es, dass die Eltern ihre kleine süße Tochter schlichtweg immer noch für etwas dumm halten. Darum sind sie restlos erstaunt, als sie zwei Jahre später in die Schule kommt, dass sie sich in ihrer Ingelita getäuscht haben. "In der Schule ist sie gar nicht so dumm und faul, wie wir immer annahmen, ganz im Gegenteil: sogar recht interessiert, fleißig und gewissenhaft", schreibt die Mutter in Inges Tagebuch. "Sie singt immer noch viel, jetzt aber überhaupt nicht mehr falsch, sondern ausgesprochen hübsch."

Das alles hat bisher wunschgemäß geklappt. Nicht ganz so einfach ist es für meinen Vater, eine geeignete Arbeit zu finden. Schließlich findet er eine Anstellung beim Eisenwerk Ratingen als technischer Direktor. Für meinen Vater heißt es nun, täglich zwischen Ratingen und Krefeld hin und herzufahren. Wie gut, dass er jetzt ein Auto hat und dadurch das Hin und Her vereinfachen kann.

1926 – Geburt des vierten Kindes

Denn an eine Umsiedlung der Familie ist zu diesem Zeitpunkt nicht zu denken, muss doch vorher noch das Baby geboren werden. Und dieses Baby war "ich". Der erste Eintrag meiner Mutter in das Tagebuch, das sie von nun an für mich führt, lautet: "Am 15. Dezember 1926 wurde Christa geboren. Sie kam 14 Tage früher als erwartet. Aber die Freude war groß, als sie am 24. Dezember als Christkindchen unter dem Weihnachtsbaum liegen konnte. Deshalb bekam sie auch den passenden Namen. Lange mußten wir überlegen, denn wir hatten nur an einen Jungen gedacht und Mädchennamen nicht in Betracht gezogen."

"Der Vater versucht seine Enttäuschung über das dritte Mädel hinter verdoppelter Liebenswürdigkeit zu verbergen. Aber bisher hat sie sein Herz noch nicht erwärmen können." Das ist auch kein Wunder, war ich doch ganz gewiss nicht das, was man als "Wunschkind" bezeichnen konnte, und dann noch nicht einmal ein Junge.

Aber es dauert nicht lange, bis der Papacito und seine Jüngste ihre ganz besondere Liebe zueinander entdecken. So heißt es später im Tagebuch: "Bis jetzt, mit 8 Monaten, kann sie nur Papa sagen und hat allen Grund dazu, da dieser sich mehr um sie kümmert als je um eines seiner anderen Kinder." – "Mit einem Jahr spricht sie schon allerlei, aber nichts sagt sie so ausdauernd wie Papa. Wenn der zu Hause ist, ist sie zufrieden und immer gut bei ihm aufgehoben."

Der Vater hat inzwischen in Ratingen in der Bahnstraße ein schönes großes Haus mit Garten gefunden. Und so zieht die Familie Ende Februar 1927 dorthin um, in der trügerischen Hoffnung, ihre endgültige Bleibe gefunden zu haben.

Nach Ostern kommt Hans Lutz in die Schule, schon ein Jahr später auch Inge. Die Kinder schließen Freundschaften und die Familie findet Anschluss. Es dauert aber nicht lange, und die Arbeit in dem großen Haus mit Garten und vier Kindern wächst meiner Mutter zunehmend über den Kopf – trotz der zwei Mädchen. So geht ein dringender Hilferuf nach Waren zu Fräulein Hillmann. Und tatsächlich zögert die nicht lange, kommt zurück zur Familie Overlack – und bleibt! Jetzt zeigt sich erst wirklich, welch' großes Los meine Eltern mit ihr gezogen haben. Ena ist perfekt in jeglicher Hausarbeit, ihre Kochkünste werden berühmt bei der ganzen Verwandtschaft und Freundschaft, sie kann nähen wie eine Schneiderin, wäscht, bügelt und liebt die Gartenarbeit. Vor allem aber liebt sie "ihre" Kinder, und die lieben sie.

Die Familie fühlt sich in Ratingen wohl, nur leider mein Vater nicht bei seiner Arbeit hier. Und so bleibt es nicht aus, dass er sich nach einem anderen Arbeitsplatz umsieht. Die Suche lohnt sich: Er findet genau das Richtige in Bonn-Beuel. Er kauft eine nicht zu große Registraturenfabrik mit dem Namen "Complex", die Ordner herstellt. Zur besseren Auslastung erwirbt er eine Lizenz der Firma "Leitz", Stuttgart, und stellt nun neben seinen eigenen Complex-Ordnern auch Leitz-Ordner her. Dass die Entscheidung eine gute war, zeigt sich bald an der bis zuletzt guten Zusammenarbeit mit Stuttgart.

Mein Vater hat nun seinen Platz gefunden. Die Arbeit erfüllt seine Ansprüche und macht ihm Freude. Pech ist allerdings, dass dieser Neuanfang genau in den Beginn der großen Weltwirtschaftskrise fällt und auch ihn nicht mit ihren Problemen verschont und ihm so oft viel Sorgen bereitet. Für die Familie bedeutet dieser Wechsel meines Vaters nach Beuel: erneut umziehen! Nun macht sich meine Mutter auf die Suche nach einem geeigneten Haus im Umkreis von Beuel und Bonn. Schließlich findet sie genau das Richtige. Der Ort, der es ihr angetan hat, ist Honnef, genau der, auf den meine Eltern vier Jahre zuvor vom Drachenfels aus hinabgesehen haben. Es liegt am Rhein, umgeben vom Siebengebirge und dem daran anschließenden Schiefergebirge. Und noch mehr gefallen ihr Haus und Garten. Der Kauf ist ein wahres "Schnäppchen" – und ein großes dazu. Das Haus hat elf Zimmer und liegt in einem parkähnlichen Garten mit uralten Bäumen. Allein der Obst- und Gemüsegarten hinter dem Haus ist schon 500 m² groß. Sogar der Preis ist erschwinglich: "für'n Appel und'n Ei" hätte sie es erstanden, erzählt meine Mutter später. Was wohl doch etwas untertrieben sein dürfte.

1929 – Endlich zu Hause

Im Sommer 1929 zieht die Familie hier ein und wird endlich sesshaft. Honnef wird für uns alle unsere sehr geliebte Heimat – und auch Ena, als Teil der Familie, hat jetzt hier ihr Zuhause. Sie stirbt im Alter von 94 Jahren in Honnef.

Für uns Kinder wird das Leben in Bolivien endgültig Vergangenheit, als mein Großvater befindet, deutsche Kinder sollten – bitteschön – auch wie deutsche Kinder sprechen. Und so wurden für uns aus dem zärtlichen Papacito und dem warmen Mamita, wie es sich gehörte, Vater und Mutter. Ein kleiner Rest blieb, weil Inge weiterhin Ingelita genannt wurde. Natürlich erinnerten uns viele Erinnerungsstücke im Haus und die Erzählungen unserer Eltern an das Leben auf der rauhen Höhe von Bolivien – an Araca. So beginnt ein neues Leben für uns alle, aber das ist dann eine andere, weitere Geschichte.

Das neue Zuhause

Anmerkungen

1. (zu S.31) Leider sind aus den Jahren in Osorno nur fünf – zum Teil sogar nur unvollständige – Briefe erhalten, sodass ich versuchen muss, aus diesen und aus den erinnerten Erzählungen meiner Mutter mir ein Bild von ihr und ihrem Leben dort zu machen.

2. (zu S.44) Rudolf Dienst: Im dunkelsten Bolivien. Strecker und Schröder Verlag, Stuttgart 1926

3. (zu S.49) Colin Ross: Südamerika, die aufsteigende Welt. S.231–234, F.A. Brockhaus Verlag, Leipzig 1922

4. (zu S.52) Gerhard Kyllmann: Das Leben ein Märchen. Ein Deutscher in Bolivien. Verlag Hanseatischer Merkur, Hamburg 1975

5. (zu S.75) Aus "Liebesgedichte" von Cäsar Flaischlen (1864–1920)

6. (zu S.145) Gerhard Kyllmann, siehe Anm. 4

Eduard und Elisabeth im Ruhestand